BIBLIOTHÈQUE INSTRUCTIVE

EN PREPARATION :

Les Plantes qui guerissent et les Plantes qui tuent, par O. DE RAWTON.

Les Colonies perdues, par CH. CANIVET.

L'Homme blanc au pays des noirs, par J. GOURDAULT.

Les Chasses de l'Algérie, par le général MARGUERITTE.

A travers la vie, par le Dr QUESNOY.

Histoire d'un louis d'or, par MALLAT DE BASSILAN, de la Bibliothèque nationale.

La Mer (Dessus, Dedans et Dessous), par ARMAND DUBARRY.

La France héroïque, par ALPHONSE LAIR, agrégé de l'Université.

Les Grandes Souveraines, par ADRIEN DESPREZ.

Les Petits Écoliers dans les cinq parties du monde, par ÉLIE BERTHET.

Les Petites Écolières, par LE MÊME.

Histoire d'une Alpe, par JULES GOURDAULT.

# LE BOIRE ET LE MANGER

Typographie du MAGASIN PITTORESQUE (J. Charton),
rue de l'Abbé-Grégoire, 16.

BIBLIOTHÈQUE INSTRUCTIVE

LE BOIRE ET LE MANGER

HISTOIRE ANECDOTIQUE DES ALIMENTS

PAR

ARMAND DUBARRY

OUVRAGE
ILLUSTRÉ DE 125 GRAVURES SUR BOIS

PARIS

LIBRAIRIE FURNE

JOUVET ET Cⁱᵉ, ÉDITEURS

5, RUE PALATINE

1884

PRÉFACE

Boire, manger, deux terribles mots, deux fonctions
animales auxquelles il faut consacrer le meilleur de
notre vie si courte, car elles ont pour nous l'importance que le feu et l'eau ont pour la machine qui
fait aller l'usine. Supprimez ces derniers, ces essentiels
agents, et la vapeur et la force motrice disparaissent,
et les ateliers rentrent dans le silence; supprimez le
boire et le manger, et le sang n'arrive plus aux mus-
cles, et l'individu tombe dans l'anéantissement et dans
la mort. Le double sujet traité ici intéresse donc tout
le monde. Nous espérons que le lecteur partagera notre
avis sur ce point, qu'il trouvera dans ces [pages sans

prétention, où l'anecdote se mêle au résumé historique,
un délassement utile, et qu'il ne nous gardera pas ran-
cune de lui avoir dérobé quelques heures. Ce résultat
atteint, notre ambition sera satisfaite.

ARMAND DUBARRY.

LE BOIRE ET LE MANGER

LE PAIN

I

L'alimentation. — Ses phases historiques. — L'agriculture. — Les céréales.
— Saturne, Cérès, Triptolème. — Adoration des plantes.

Le premier, le plus impérieux besoin de la vie, celui qui fait taire les passions les plus ardentes, les plus violentes, devant lequel tout s'efface : c'est le besoin de se sustenter.

L'humanité a là sa faiblesse et sa force réunies.

Sa faiblesse, parce qu'elle est sous la domination absolue de l'alimentation; sa force, parce que, pour avoir les aliments dont il lui est impossible de se passer, elle cherche, travaille, s'instruit, s'élève.

La nécessité de se procurer des vivres a parfois poussé les hommes à entreprendre des guerres cruelles, injustes; plus souvent elle leur a inspiré une noble émulation. Livrés à eux-mêmes sur cette sphère qu'ils ne connaissent pas encore entièrement, quoiqu'elle soit bien petite comparée aux immenses mondes qui tournent dans l'univers infini, ils n'ont eu d'abord pour but que la satisfaction de leurs appétits; mais de ce mal est sorti un bien providentiel qui est allé sans cesse en augmentant.

Vraisemblablement, l'alimentation a passé par des phases identiques dans tous les pays où la civilisation a pénétré.

D'abord les hommes vécurent de fruits et de venaison; ayant détruit autour d'eux tous les animaux ou presque tous, ils essayèrent de vivre de pêche; le poisson étant difficile à attraper sans instruments spéciaux, ils devinrent cannibales.

Le cannibalisme ne leur fournissant qu'un appoint insuffisant, ils tournèrent leurs regards avides et anxieux vers les racines, vers les herbes que broutaient les ruminants; ils comprirent que leur salut, leur repos, leur bien-être, étaient dans cette admirable mère qu'on nomme la terre, et ils cultivèrent et soignèrent la féconde et généreuse nourrice.

Alors l'agriculture naquit, et avec l'agriculture le sentiment de la propriété, de l'ordre, de la famille et de la morale sociale.

Il est probable que l'homme s'attacha, dès le prin-

cipe, à la culture des végétaux qui lui semblerent contenir le plus d'éléments nutritifs, à la culture de ce qu'on
appelle les *céréales,* de Cérès, déesse des moissons chez
les Grecs et les Romains, et qui sont : le blé ou le froment, le seigle, l'orge, le maïs, le riz, l'avoine, le millet,
le sorgho, le blé noir ou sarrasin, quoiqu'il appartienne
à une famille différente.

A ces graminées on peut ajouter les légumineuses :
fèves, haricots, pois, lentilles, gesses, etc., et plusieurs
légumes à racines : la pomme de terre, l'igname, la
rave, la carotte.

Telles furent les premières bases de l'alimentation
végétale.

L'agriculture frappa si fortement l'esprit des peuples,
que, dans toutes les contrées où l'état sauvage ne
s'est pas maintenu, on la trouve mêlée d'une façon ou
d'une autre à la religion, comme une chose essentiel-
lement divine.

Ainsi, sans parler des diverses formes, des divers
noms sous lesquels on a adoré la terre en Orient ou
en Occident, chaque région voua un culte de recon-
naissance à l'être qui, selon la croyance commune,
avait appris aux hommes à labourer, à semer, à mois-
sonner.

Chez les Romains, cet être s'appelait Saturne; chez
les Grecs, il s'appelait Cérès ou Triptolème, auquel,
dans l'Attique, on attribuait l'invention de la charrue.

Ce n'était pas assez de diviniser des individus : on en
arriva, sans doute, en souvenir de disettes passées, à
diviniser les plantes, les arbres, dont on tirait plus
particulièrement sa nourriture.

Le blé eut ses adorateurs en Europe, les lentilles eurent les leurs en Égypte, le dattier fut vénéré en Ara-

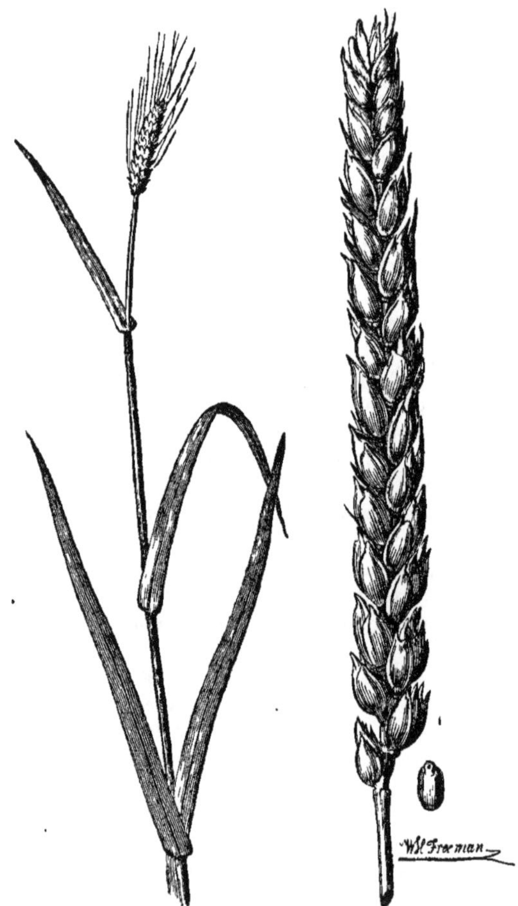

Le froment. — Tige, épi et grain.

Tige, fleur et grain (A) du sarrasin.

bie, le cocotier aux Indes, le riz en Indo-Chine, le maïs au Pérou; le Nicaragua dressa des autels aux haricots! (¹)

II

Dissémination des végétaux. — Le blé. — Le pain chez les Égyptiens, chez les Hébreux, chez les Grecs, chez les Romains, chez les Gaulois. — Fabrication du pain. — Le pétrissage.

Les céréales appartiennent aux zones tempérées, et jusqu'à présent il a été impossible de leur découvrir une contrée originaire. Quoi qu'il en soit, leur dispersion sur la surface de la terre s'explique par les vents, les courants maritimes et les migrations des oiseaux.

Les vents, dans leurs tourbillons, n'enlèvent pas seulement des graines, ils enlèvent des plantes qu'ils laissent ensuite tomber à d'énormes distances.

Les courants maritimes, plus forts que les vents,

(¹) A propos d'agriculture, donnons ici quelques détails intéressants.

D'après des relevés officiels, le territoire français comprend 528 572 kilomètres carrés, c'est-à-dire 52 857 200 hectares, sur lesquels 2 822 000 sont occupés par les villes et les villages, les voies de communication ou les cours d'eau.

Un sixième de la surface de la France, près de 8 millions et demi d'hectares, est couvert de bois. Plus d'un huitième est composé de landes, de pâturages ou de terres vagues. Le onzième est en herbages et en prés. Un peu moins du vingtième, 2 320 533 hectares, est planté de vignes; enfin, un demi pour cent, soit en chiffres ronds 696 000 hectares, est en terrains de qualité supérieure, tels que vergers et jardins.

La proportion des espaces occupés par les landes, bruyères ou autres terres incultes, est encore très considérable; toutefois, cette proportion a diminué, depuis une cinquantaine d'années, d'un million et demi d'hectares.

transportent des arbres entiers d'un continent à un
autre.

Les grands fleuves jouent un rôle analogue dans la
dissémination des espèces botaniques; mais ce sont
surtout les oiseaux qui propagent la flore terrestre.

Les Hollandais ayant détruit les muscadiers dans
quelques iles de l'Inde, afin d'en concentrer la culture
à Ceylan, les colombes muscadivores, qui sont très
friandes de la muscade, repeuplèrent les iles en question de l'arbuste si étourdiment extirpé. La pulpe du
fruit du muscadier étant seule absorbée par leur acte
digestif, les colombes muscadivores rendent encore
intacte et susceptible de germer la semence de ce végétal. Là ne se borne pas le rôle des oiseaux dans
l'harmonie générale du globe. On a observé que ce
sont eux qui dévastent les grappes de corail du sor-
bier, et vont ensemencer l'arbre sur les croulants por-
tiques de nos châteaux ou de nos vieilles églises en
ruine.

« Le raisin d'Amérique, *Phytolacca decandra*, dit
M. Pouchet au sujet de ce qui précède, récemment im-
porté près de Bordeaux, a été disséminé dans toute la
France méridionale, et jusque dans les gorges désertes
des Pyrénées, par les hôtes ailés de nos forêts. C'est a
la pie de Ceylan que se trouve confiée, dans cette ile,
la propagation des canneliers; et c'est un fait si vulgairement connu, que les habitants lui accordent une
ample protection. Certaines iles, que tout atteste avoir
été formées postérieurement aux grands continents qui
les avoisinent, ne doivent qu'aux oiseaux et aux courants des mers les principaux éléments de leur coloni-
sation végétale. Telle est, en particulier, l'Islande,
qu'on reconnait n'être peuplée que de végétaux enlevés

au Groënland et à l'Europe boréale, lesquels lui ont été apportés par les innombrables oiseaux dont les migrations s'opèrent annuellement dans ces parages. »

Ces faits établis, et personne ne les conteste, il devient inutile et puéril de discuter sur l'origine des céréales.

En ce qui concerne le blé, on a constaté qu'il manquait en Amérique lorsqu'on découvrit ce continent; à part cela, il est démontré qu'on l'a récolté dans tous les temps sous les climats tempérés et chauds.

Quant au pain, tel que nous le mangeons, comme toute invention humaine, il a une histoire; mais cette histoire a de vagues commencements.

On sait pourtant que les Égyptiens pratiquaient la

Le moulin à blé de l'homme primitif.

fabrication du pain *avec le levain* plus de mille ans avant Moïse; par conséquent, qu'ils connaissaient les principes de la fermentation, le gaz carbonique et ses propriétés; qu'ils avaient des moulins, des fours et tout ce qui sert à la boulangerie.

Nous soulignons intentionnellement : *avec le levain*, parce que l'Exode nous apprend qu'après leur sortie d'Égypte, les Hébreux, n'ayant pas pensé, dans leur précipitation à fuir, à emporter de la levûre, durent

Manière de faire le pain chez l'homme primitif.

manger du pain *sans levain*, du pain non fermenté, et
cuit sous la cendre.

Il est cependant admissible que le premier moment
d'effarement passé, ils préparèrent de la levure en lais-
sant aigrir de la pâte.

Nul n'ignore que les Israélites ont perpétué le souvenir de cette privation.

Le principe de la fermentation était donc connu très
anciennement en Orient; l'usage du *levain* (ou pâte
qu'on a laissé aigrir, ou levure de bière) ajouté au
moment de la trituration à la pâte fraîche, afin de faire
subir à cette pâte la fermentation qui lui donne la
porosité d'une éponge et la légèreté, existait donc en
Égypte et probablement aussi en Asie aux époques les
plus reculées.

Si l'on se bornait à pétrir la farine avec de l'eau, on
n'aurait, après la cuisson, qu'une galette compacte et
indigeste. Pour boursoufler le pain et le rendre moins
lourd, on en fait fermenter la pâte afin qu'elle se rem-
plisse de bulles gazeuses d'acide carbonique. Par com-
paraison, c'est une opération du genre de celle qui
consiste à gonfler de gaz un ballon pour qu'il s'élève
dans les airs. Ainsi rempli, l'aérostat est plus léger
que lorsqu'il est vide. L'agent auteur de la fermentation et par suite du boursouflement de la pâte, est le
levain. C'est un ferment qui, mis en présence des matières sucrées contenues dans la farine, détermine la
fermentation de ces matières et entraîne la formation
de gaz acide carbonique. Ce gaz restant emprisonné
dans la pâte, celle-ci se gonfle, s'allège et devient plus
supportable pour notre estomac.

Plus jeunes, comme peuple, que les Indiens et les
Égyptiens, les Grecs ne firent du bon pain, du pain

Moulin à manège des Romains.

fermenté, que douze ou quatorze cents ans avant l'ère vulgaire.

Pour les Romains, ils ignoraient encore la mouture lors de l'invasion gauloise.

Jusqu'à l'an 380 avant J.-C., ils se bornèrent à torréfier le grain, puis à le concasser dans des mortiers de pierre avec des pilons de bois dur, garnis de fer. Avec le blé ainsi broyé, ils faisaient une sorte de bouillie qu'ils laissaient refroidir pour la couper ensuite par tranches qu'ils mettaient cuire au four ou sous la cendre.

Leurs guerres dans la Grande-Grèce, en Épire et en Macédoine, les initièrent aux procédés de la panification, et ils se servirent alors de farine obtenue à l'aide de moulins à vent, à eau, à bras ou à manège, et de levain.

Par la suite, les boulangers romains ne le cédèrent point aux boulangers grecs.

La panification était plus avancée en Gaule qu'en Italie.

Nos ancêtres, prétend-on, avaient appris des Grecs à faire le pain.

Ce qui paraît hors de doute, c'est que les Gaulois fabriquaient du pain avec du levain ordinaire ou de la levure de bière, cinq ou six cents ans avant notre ère.

Il est à remarquer que le pain français est, depuis un temps immémorial, le pain le plus agréable de l'Europe.

On ne peut lui comparer, pour la légèreté et la saveur, que le pain de Vienne en Autriche.

On fabrique le pain avec les farines de toutes les céréales; mais le pain par excellence est celui de blé, de froment.

L'industrie moderne a sensiblement perfectionné la

Tige, épi et grain du seigle.

panification : on obtient maintenant plus de pain avec
un même poids de farine ; on fabrique plus rapidement
et l'on cuit mieux.

La mouture s'est aussi considérablement améliorée.

A tous les points de vue, la fabrication du pain a
gagné.

Signalons surtout, dans les perfectionnements réali-
sés, la substitution du pétrissage à la mécanique au
pétrissage à bras.

Le pétrissage à bras a l'inconvénient d'être long et
fatigant pour l'ouvrier ; le pétrissage à la mécanique
a l'avantage d'être rapide autant que propre et de ne
point forcer le mitron à *geindre*.

III

La boulangerie au moyen âge. — Les *banalités*. — Corporations. — Les
talemeliers. — Le grand panetier. — La Bruyère, Fénelon, Vauban,
Louis XIV.

Le commerce de la boulangerie est à présent com-
plètement libre ; mais c'est un fait nouveau ; il n'en a
pas toujours été ainsi.

Les particuliers mêmes n'ont conquis que fort tard
la liberté de cuire le pain indispensable à leur consommation personnelle.

Sous le régime féodal, le vassal était obligé de faire
moudre son grain au moulin du seigneur, de faire cuire
son pain au four du seigneur, et de payer, pour cela,
un droit qu'on nommait *banalité*.

« Le droit de *four banal*, dit M. Chéruel, était un privilège féodal. Le seigneur pouvait contraindre tous ceux qui habitaient ses domaines à venir au moulin et au *four banal*. Ce droit de banalité était inféodé, moyennant redevance, à des boulangers qu'on appelait *fourniers*. Le droit de banalité s'appliquait aussi aux pressoirs, forges, boucheries, etc. C'était un véritable monopole exercé par le seigneur et ses agents. On appelait *fournage* le droit que le seigneur prélevait sur tous ceux qui étaient soumis à la banalité. »

Quand, durant les croisades, des seigneurs vendirent aux communes des *banalités*, pour couvrir les frais de leur voyage en Orient, les communes, qui ne pensaient pas à la liberté commerciale, cédèrent, à leur tour, ces droits à des corps de métiers, et de là naquirent en partie les corporations privilégiées qui, jusqu'à la Révolution, apportèrent tant d'entraves à l'industrie nationale.

Les corporations des boulangers furent des premières organisées.

On commence à signaler sous Philippe-Auguste, auquel elle payait une redevance appelée *hautban*, la corporation des boulangers de Paris, nommée corporation des *talemeliers* (¹). Saint Louis lui donna des statuts où l'on rencontre, d'après M. Ludovic Lalanne, ces particularités : Le nouveau talemelier devait, après

---

(¹) Selon Ducange, le nom de *boulangers* appliqué aux fabricants de pain, et le verbe *boulanger*, pétrir et faire cuire le pain, viennent de ce que, à l'origine (il s'agit de la France du moyen âge), le pain livré au public avait la forme d'une *boule* ou d'un disque; le nom de *talemeliers* ou *talemeliers*, corruption de *tamisiers* ou *talmisiers*, viendrait de ce que les boulangers se servaient d'un *tamis* pour séparer la farine du son. Le mot *panetier*, du verbe, oublié maintenant, *paneter*, faire le pain, valait mieux que les deux expressions qui précèdent.

Tige, épi et grain de l'orge.

Paris sous Philippe-Auguste.

quatre années d'exercice, aller, en compagnie de tous
les talemeliers et du maître valet appelé *joindre* (geindre), devant la maison du maître des talemeliers avec
un pot neuf en terre rempli de noix et de *nieules* (ou-
blics), et s'exprimer en ces termes : « Maître, j'ai fait et
accompli mes quatre années. » Les assistants ayant
confirmé son dire, le maître lui rendait son pot, que
l'autre allait jeter dehors contre le mur de la maison,
puis tous entraient ; on devait leur donner « feu et vin »,
et chacun d'eux, en revanche, payait au maître un
denier.

On retrouve la trace de cet usage dans des statuts
du dix-septième siècle.

Les nouveaux maîtres, pendant les trois premières
années qui suivaient leur réception, devaient payer au
grand panetier (le chef de la maîtrise depuis le dix-
septième siècle) cinquante-deux deniers de compte, et
au bout de trois ans lui apporter « un pot neuf de terre
verte ou de faïence, garni d'un romarin ayant sa racine
entière, aux branches duquel romarin y aura des pois
sucrés, oranges et autres fruits convenables suivant le
temps, et ledit pot rempli de pois sucrés (dragées). »
Plus tard, la redevance du pot de romarin fut changée
en celle d'un louis d'or.

En vertu des statuts de 1305, les talemeliers de Paris,
par suite de l'observance des fêtes religieuses qui leur
était rigoureusement imposée, ne pouvaient cuire tous
les jours de l'année.

D'abord ils dépendirent du grand panetier de France ;
en 1611, la juridiction particulière dont ils jouissaient
fut supprimée, et ils passèrent sous l'autorité du prévôt
de Paris et du lieutenant de police.

A partir du règne de Louis XIV, et jusqu'en 1789,

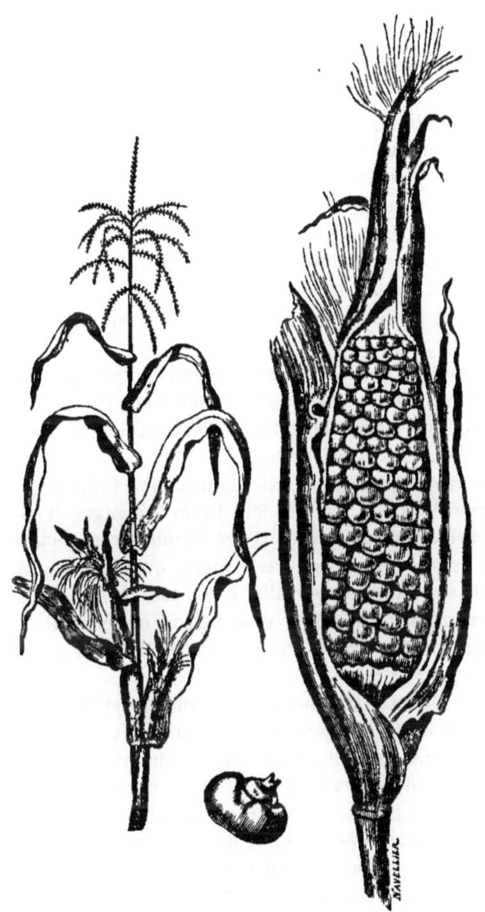

Épi, fruit et grain du maïs.

le nombre des maîtres boulangers de la capitale fut
restreint.

L'apprentissage durait cinq ans, le compagnonnage
quatre. Ainsi que dans toutes les autres corporations,
il fallait présenter un chef-d'œuvre, quelque magnifique
brioche, par exemple; les fils des patrons seuls étaient
dispensés de cette obligation.

Le brevet de boulanger coûtait quarante livres ; la
maîtrise en coûtait neuf cents.

Le saint protecteur de la corporation était saint Honoré.

Le grand panetier, dont nous venons de parler, était
un des principaux officiers de la couronne ; il avait juridiction sur les boulangers de Paris et jouissait de
différents droits et privilèges.

« Le grand panetier, lisons-nous dans « l'État de la
France » de 1749, n'a que 800 livres de gages et ne
sert ordinairement que dans les grandes cérémonies
et aux jours de grandes fêtes. Alors, quand le roi est
sorti de sa chambre pour aller à la messe, le sert-d'eau
crie par trois fois du haut d'un balcon ou du haut de
l'escalier : « Messire N., grand panetier de France, au
couvert pour le roi. »

Au moyen âge, la fonction était plus importante et
mieux rétribuée. La grande paneterie était l'une des
deux divisions du gobelet du roi, et son personnel se
composait : d'un grand panetier aux appointements
de seize cents livres, de douze sommeliers, de quatre
aides, d'un garde-vaisselle, de deux porteurs, et d'un
lavandier. Ce personnel avait à préparer, à laver et à
resserrer le couvert du roi : assiettes, plats, coupes,
linge, pain, etc.

On a une liste incomplète des grands panetiers de

France; le premier sur cette liste est Eudes Arrode,

mort en 1217; le dernier est de Cossé, duc de Brissac,
mort en 1782.

La consommation du pain, comme celle de la viande,

ne s'est développée d'une façon rationnelle que de nos jours.

Pendant des siècles, les paysans de France ne mangèrent que la moitié de la quantité de pain qu'ils mangent actuellement; aussi, quand on le sait, ne s'étonne-t-on pas de ce portrait saisissant tracé par cet immortel peintre de mœurs qui s'appela la Bruyère :

« L'on voit certains animaux farouches, des mâles et des femelles, répandus par la campagne, noirs, livides et tout brûlés du soleil, attachés à la terre qu'ils fouillent et qu'ils remuent avec une opiniâtreté invincible; ils ont comme une voix articulée, et, quand ils se lèvent sur leurs pieds, ils montrent une face humaine; et, en effet, ils sont des hommes. Ils se retirent la nuit dans des tanières, où ils vivent de pain noir, d'eau et de racines; ils épargnent aux autres hommes la peine de semer, de labourer et de recueillir pour vivre, et méritent ainsi de ne pas manquer de ce pain qu'ils ont semé. »

Ils en manquaient pourtant, et souvent; ils en manquaient au point qu'à la suite des guerres désastreuses de la fin du règne de Louis XIV, ils furent réduits à brouter de l'herbe!

« Vos peuples meurent de faim, écrivait au grand roi, vers cette époque, Fénelon. La culture des terres est presque abandonnée; les villes et les campagnes se dépeuplent; tous les métiers languissent; tout le commerce est anéanti. »

Et Vauban :

« Près de la dixième partie du peuple est réduite à mendier : des neuf autres parties, cinq ne peuvent faire l'aumône à celle-là, dont elles ne diffèrent guère; trois sont fort malaisées; la dixième ne compte pas plus de

La famine sous Louis XIV.

100 000 familles, dont il n'y a pas 10 000 fort à l'aise. »

A ce moment, les fermes les plus considérables étaient désertes, le sol de la France retombait en friche, et il semblait qu'on dût revoir les terribles années de famine du moyen âge, ces années durant lesquelles le cannibalisme avait reparu chez nous et où l'on mêlait l'argile à la farine pour faire du pain.

« Labourage et pâturage sont les deux mamelles qui nourrissent la France, les vraies mines et trésors du Pérou », avait dit Sully, et avec lui Henri IV; mais Louis XIV ne partageait pas les sentiments de sage prévoyance de ces deux grands hommes : aussi, quand son royaume fut épuisé par ses guerres et ses dépenses vaines, ses sujets des classes laborieuses souffrirent-ils affreusement.

Alors, c'est tout au plus si, en moyenne, chaque individu consomma, par jour, trois cents grammes de pain, de sarrasin généralement, car les riches seuls étaient à même de se procurer du pain de froment; de pain de sarrasin ou d'avoine, et tel que celui qu'on mangea à Paris pendant le siège de 1870-1871.

IV

La consommation du pain. — Pains de fantaisie. — Pain de munition, biscuit de mer, grissini, pain bénit et pain d'épice. — Le riz. — Le maïs. — Le manioc. — L'approvisionnement de Paris. — Les moulins. — Proverbes. — Un dernier mot.

Aujourd'hui, la moyenne de la consommation dépasse quotidiennement six cents grammes par tête.

La cherté excessive des vivres, que ne corrige pas
l'élévation insuffisante des salaires, fait que, pour des

La moisson.

milliers de familles, le pain fournit les trois quarts de
l'alimentation; dans ce cas il en est mangé davantage.

Chez les ouvriers dont le labeur exige une grande

dépense de force, la consommation n'est pas moindre
d'un kilo par jour.

Prenez une famille de cinq individus; mettez le pain
à quarante-cinq centimes le kilogramme, taux qu'il
atteint trop fréquemment, et vous reconnaîtrez que la
gêne doit fatalement s'introduire dans cette famille,
dès que l'un des deux chefs, le père ou la mère, manque
de travail.

Le pain étant l'aliment nécessaire entre tous, le premier des aliments, il a, de toute antiquité, personnifié
la vie matérielle.

A Dieu, le croyant demande *du pain :* « Donnez-
nous aujourd'hui *notre pain* quotidien »; aux hommes,
aux gouvernements, dans les moments de crise sociale, les prolétaires réclament *du pain.* Du pain, c'est-
à-dire la vie !

Nous n'entrerons pas dans le détail de la boulangerie,
cela nous entraînerait trop loin ; nous dirons seulement
qu'on désigne les pains par leurs formes : pains ronds,
longs, cornus, à couronne, et par leur pâte et leur
qualité : pain de pâte ferme, pain mollet, pain blanc,
pain bis.

Jadis on avait une infinité de sortes de pains de
fantaisie uniformément faits avec de la belle farine de
froment, et où il entrait soit du lait, soit du beurre,
soit du jaune d'œuf; par exemple : le pain à la reine,
le pain à la Montauron, le pain de Gentilly, le pain de
condition, le pain de Ségovie, le pain de Gonesse, le
pain Chaland, le pain mouton; nous ne sommes pas
moins favorisés, sous ce rapport, que les consommateurs du dix-huitième siècle, et l'on peut dire que nos
boulangers sont passés maîtres dans l'art de panifier,
témoin le pain riche, le pain dit viennois, le pain de

Le pétrissage de la pâte du pain et l'enfournage.

gruau ou de fine fleur de froment, le pain de gluten,
inventé pour les diabétiques, et quantité d'autres variétés de pains succulents qui tendent à rapprocher la
boulangerie de la pâtisserie.

Mentionnons encore le pain de munition, fait avec
de la farine de froment blutée à 15 pour 100, ou dont on
a extrait 15 kilogrammes de son sur 100 kilogrammes
de grain moulu (en raison de sa composition, ce pain
se laisse si mal pénétrer par les liquides qu'on est obligé
de le remplacer, dans la soupe, par du pain blanc); le
biscuit de mer, pain de pâte ferme découpé à l'emporte-
pièce en tablettes qui sont ensuite percées de trous
pour faciliter l'échappement des gaz qu'elles renferment et les empêcher de lever, et qu'on cuit jusqu'à
dessiccation; les *grissini*, de Turin, petits bâtons de
30 à 40 centimètres de longueur, très croustillants, fabriqués avec de la farine de gruau, légers à l'estomac
et agréables au palais; le pain bénit, réminiscence des
agapes des premiers siècles du christianisme, et le
pain d'épice, qui est, à Paris, l'objet d'une foire fameuse. Le pain bénit est mêlé d'œuf et de beurre; le
pain d'épice est un composé de belle farine, de miel et
d'épices: cannelle et clous de girofle réduits en poudre,
auquel on ajoute, à volonté, des amandes, des zestes de
citron et des écorces d'orange confits et hachés menus,
de l'anis et de la coriandre.

N'oublions pas non plus le pain de riz, le pain de
maïs et le pain de manioc.

Le riz, originaire des Indes orientales, s'est acclimaté
partout où la température et le sol lui sont favorables.
Ce sol doit être très léger, découvert, peu pierreux et tel
qu'on puisse le submerger à volonté, car le riz croît dans
l'eau, dans une eau qui ne soit pas trop froide. A cause

de cela, sa culture est pernicieuse à ceux qui s'y livrent.

Les Romains connaissaient le riz qu'ils appelaient *oryza*, et cette connaissance leur était venue de leurs relations avec l'Asie; mais ils ne s'en servaient guère que comme plante médicinale. En réalité, ce ne fut qu'au moyen âge et lors des croisades que les Européens s'en inquiétèrent, après avoir vu ses tiges dorées se balancer sur de vastes espaces, dans le delta du Nil, et appris que son rendement était de beaucoup supérieur à celui du blé.

En Chine, on le cultive même au milieu des rivières et des lacs au moyen de radeaux de bambou couverts de terre, et sans lui il est positif que les trois quarts des Asiatiques seraient perpétuellement aux prises avec la disette.

· Aliment sain et de facile digestion, il est entré dans la boulangerie, la pâtisserie et la cuisine, voire dans la parfumerie, et il n'est aucun État qui ne s'en serve pour la nourriture du soldat. De là vient qu'en France, on nomme vulgairement les employés du service des subsistances des troupes, des riz-pain-sel.

Le riz au gras, le riz au lait, le *cari* indien, le *pilau* turc, le *risotto* milanais, le *deguet*, boisson de riz des nègres, l'*arack*, eau-de-vie de riz des Chinois, disent combien, au point de vue de la table, le riz est supérieur. Les chevaux, les bestiaux et la volaille s'accommodent encore mieux que les hommes de l'incomparable graminée.

Le riz, manquant de gluten, ne se prête pas aussi bien à la panification que le blé; mais sa farine, mêlée à dose égale avec celle du froment, donne un pain exceptionnellement savoureux et restant frais plus longtemps que le pain ordinaire.

Le maïs a-t-il son berceau dans l'Amérique tropicale ou en Asie d'où il nous serait venu avec les Turcs, ce qui lui aurait valu le nom de blé de Turquie? La question est controversée. Toutefois, s'il a pu exister simultanément dans l'ancien et le nouveau continent, son apparition dans le bassin occidental de la Méditerranée ne date que de l'époque à laquelle les compagnons de Fernand Cortez, qui l'avaient trouvé au Mexique, le rapportèrent en Espagne.

A juste titre, on lui donne rang, pour l'utilité, après le froment et le riz. Dans le midi de l'Italie et en France, dans les Landes, les paysans en fabriquent des galettes qui leur tiennent lieu de pain; en Piémont, ils préparent, avec sa farine jaune, l'indispensable *polenta*.

La racine féculente, râpée ou écrasée, du manioc, *Manihot utilissima,* fournit aux indigènes de l'Amérique du Sud la cassave qui leur sert à faire le seul pain qu'ils mangent.

La racine du manioc renferme, à l'état frais, un toxique pareil à l'acide prussique; heureusement, ce poison, très altérable et très volatil, se détruit par la fermentation, et le manioc peut être absorbé sans péril, après avoir été lavé, séché et broyé.

On sait que le tapioca est extrait, ainsi que la cassave, des tubercules du manihot, qui, à présent, pousse en Afrique, en Asie et en Océanie.

La pomme de terre est également employée dans la boulangerie, mélangée à la farine de froment, en fécule ou simplement bouillie ou écrasée.

Paris ne possédant que trois ou quatre moulins à vapeur, il y entre relativement peu de grain; son approvisionnement se fait en farines provenant spécialement des blés de Brie, de Beauce, de Picardie, et pulvérisés dans les départements voisins du département de la Seine. Les blés que la France reçoit d'Odessa, d'Amérique et d'Australie, fournissent aussi leur contingent à la consommation parisienne.

On compte quatre cents moulins d'une grande puissance dans les trois départements de Seine-et-Oise, de Seine-et-Marne et d'Eure-et-Loir. Sur ces 400, le département de Seine-et-Oise en possède, pour sa part, 230.

Quant aux boulangers, depuis le décret du 22 juin 1863, qui a proclamé la liberté de la boulangerie, leur nombre a beaucoup augmenté. A Paris, il est aujourd'hui de deux mille, sans parler des dépôts de pain, dont le chiffre est de cinq ou six cents.

Terminons cet exposé en rappelant quelques proverbes caractéristiques :

> On ne doibst épargner blé du musnier,
> Vin du curé, ny moins pain de fournier.

> Pain et beurre et bon fromage,
> Contre la mort est la vray targe (*Bouclier*).

> A ton voisin
> De ton pain et vin.

> Jamais pains à deux cousteaux
> Ne furent ny bons ni beaux,
> Jamais vin à deux oreilles
> Ne nous fit dire merveilles.

« On appelle *pain à deux cousteaux* (*Illustres Proverbes*) celui qui, estant trop humide et mal essuyé, laisse le cousteau pasteux après qu'on l'a coupé. Si après avoir beu, j'avois branlé les deux oreilles et

tourné et ramené la teste à droite et à gauche, j'aurois
montré, par ce signe dédaigneux, que le vin ne m'a-
gréoit pas. »

Que pain brûlé
Soit chapelé.

— Long comme un jour sans pain (triste, ennuyeux);
— Bon comme le bon pain (charitable, bienveillant,
doux); — Avoir son pain cuit (avoir sa vie assurée);
— Oter le pain de la main à quelqu'un (lui ôter le
moyen de subsister); — Mettre à quelqu'un le pain à
la main (être l'artisan de sa fortune); — Avoir mangé
son pain blanc le premier (avoir été heureux dans sa
jeunesse et ne l'être plus); — Pain tant qu'il dure,
mais vin à mesure; — A faute de chapon, pain et
oignon; — A pain de quinzaine, faim de trois semaines;
— Pain coupé n'a point de maître; — Promettre plus
de beurre que de pain; — Faire passer le goût du
pain; — Manger son pain dans sa poche (manger seul
ce qu'on a); — Là où pain fault, tout est à vendre; —
Sans pain, grand'faim; — Il vaut mieux manger du
pain bis étant libre et bien portant, que de la brioche
étant esclave et malingre. (Cet axiome est de F. Bacon.)
— Quand les sabres sont rouillés et les bêches luisantes,
les prisons vides et les greniers pleins, les degrés des
temples usés par les pas des fidèles et les cours des tri-
bunaux couvertes d'herbes, les médecins à pied *et les
boulangers à cheval*, l'empire est bien gouverné.

Ce dernier est chinois; il n'en est pas plus mauvais
pour cela.

En finissant, un vœu : Puisse l'humanité se perfec-
tionner au point que le pain ne manque plus à qui
voudra le gagner honnêtement!

LA VIANDE

I

Il est probable que, dans leur enfance, tous les peuples ont tiré de la chasse et de la pêche les éléments primordiaux de leur nourriture, par la raison qu'on peut chasser et pêcher d'un bout à l'autre de l'année, tandis qu'on ne trouve des fruits et des plantes comestibles que pendant une partie de l'année.

A peine nés et dans le double but de se défendre et de se sustenter, les hommes ont traqué, autour d'eux, les animaux terrestres ; lorsque le gibier est devenu rare, leur a manqué, ils ont poursuivi les animaux fluviatiles ou marins.

En examinant sommairement la vie des sauvages modernes, on se rend facilement compte de la place que la chasse et la pêche ont tenue dans l'alimentation chez les premières races.

Encore aujourd'hui, les Australiens, nous citons les êtres qui occupent le degré le plus bas de l'échelle de

La chasse aux temps préhistoriques.

l'humanité, comptent uniquement sur le gibier et sur
le poisson pour subsister; quand la chasse et la pêche
ne leur donnent plus rien, ils sont aux abois, recher-
chent avidement les animaux les plus repoussants :

Australiens cannibales.

insectes, reptiles, vers; se tendent mutuellement des
pièges et se mangent entre eux.

Le cannibalisme, qui dans divers pays est devenu
un culte, n'a sans doute pas d'autre origine que la disette.

Il paraît cependant, nous ne parlons point ici par expérience, que la chair humaine a une saveur qui attire le cannibale, comme l'alcool attire l'ivrogne.

Ainsi, le plus bel éloge qu'un Fijien puisse faire d'un quartier de venaison, c'est de dire «qu'il est tendre comme de l'homme mort», et spécialement comme l'avant-bras et la cuisse, les morceaux les plus friands de l'homme mort.

Les Fijiens ont conservé un goût si vif pour la chair humaine, qu'ils engraissent des esclaves pour les manger ou pour les vendre au marché comme viande de boucherie. A leurs yeux, tout cadavre est comestible, et leurs cimetières sont leurs estomacs. Il en résulte qu'aussitôt que deux Fijiens se croient seuls dans un bois, qu'ils soient parents ou amis, ils se tiennent sur la défensive; car, pour peu que l'appétit les talonne, ils ont envie de se dévorer l'un l'autre.

Les Nouveaux-Zélandais ne le leur cèdent guère sur ce point.

Earle raconte qu'un jeune chef maori reconnut un jour une jolie fille de seize ans qui avait travaillé pour lui, Earle; que ce chef la réclama comme une esclave qui s'était enfuie de son domaine, et qu'il la ramena à son village, où il la tua et la mangea.

Le lendemain, il montra, en riant, au voyageur, le poteau auquel il avait attaché la malheureuse, et se vanta de la façon dont il l'avait trompée : « Je l'assurai que mon intention était seulement de la fouetter, ajouta-t-il en se tenant les côtes de rire; mais je lui tirai un coup de fusil dans le cœur. »

Pourtant, termine naïvement Earle (*Residence in New-Zealand*), je puis affirmer que c'était un charmant jeune homme, doux et bien élevé, notre favori à tous.

Voilà un charmant et doux jeune homme qui ressemble furieusement à un tigre.

« Presque toujours en guerre avec les tribus voisines, dit l'amiral Fitzroy en parlant des naturels de la Terre de Feu, il est rare qu'ils se rencontrent sans qu'il en résulte une bataille, et les vaincus, s'ils ne sont pas déjà morts, sont tués et mangés par les vainqueurs. Les femmes dévorent les bras et la poitrine ; les hommes se nourrissent des jambes, et le tronc est jeté à la mer. Dans les hivers rigoureux, quand ils ne peuvent se procurer d'autre nourriture, ils prennent la plus vieille femme de la troupe, lui tiennent la tête au-dessus d'une épaisse fumée qui provient d'un feu de bois vert, et l'étranglent en lui serrant la gorge. »

Ils dévorent ensuite sa chair morceau par morceau, sans en excepter le tronc, comme dans le cas précédent.

Les nègres de l'Afrique centrale sont aussi cannibales, de l'aveu de tous les explorateurs de la troisième partie du monde ; mais il est également vrai que le cannibalisme est abhorré partout où l'agriculture et la civilisation sont en honneur.

L'agriculture a donc du bon.

Si l'on nous objectait que les habitants des régions glaciales, Lapons, Samoyèdes, Groënlandais, ont de pauvres ressources dans l'agriculture, et que, néanmoins, ils ne sont point cannibales, nous répondrions que si ces sauvages du Nord ne trouvaient pas dans la pêche de quoi pourvoir à leur nourriture, ils auraient probablement les vices gastronomiques des Fijiens et des Fuégiens.

Mais comment penseraient-ils à se manger entre eux lorsqu'ils attrapent, à l'embouchure de leurs fleuves, plus de poisson qu'ils n'en peuvent consommer avec leurs meutes de chiens?

Le besoin est un grand maître, souvent un détestable maître.

D'après le sentiment des savants qui ont recherché les origines de la civilisation, dans toutes les régions, aux époques préhistoriques, l'homme a mangé l'homme. Il l'a mangé en Angleterre, en Gâule, en Germanie,

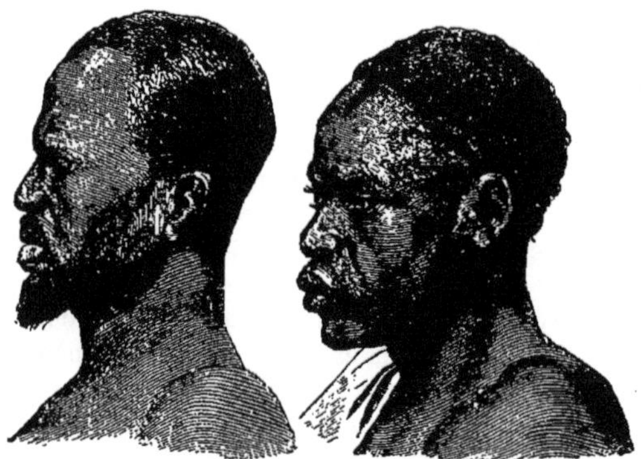

Nègres de l'Afrique centrale.

en Espagne, en Italie, en Grèce, comme il le mange encore en Océanie, en Afrique, en Australie, et dans certaines parties de l'Amérique.

La faim et la misère le firent, dès le principe, universellement anthropophage; l'instinct de la conservation et son intérêt bien compris le transformèrent, par la suite, en pasteur et en agriculteur.

Lorsqu'il vit que la chasse ne lui promettait plus qu'un rare dîner, la masse du gibier ayant été tuée par

lui ; lorsqu'il s'aperçut, dans la zone tempérée, que
la pêche ne pouvait être qu'un appoint dans son alimentation ; lorsqu'il comprit que les arbres fruitiers
ne fournissaient qu'une récolte passagère et insuffisante ; lorsqu'il se rendit compte qu'en mangeant son
semblable il ne tarderait pas à arriver à l'extinction
de sa race, il chercha anxieusement, passionnément,
un moyen de se nourrir sans tout détruire autour de
lui et sans se détruire lui-même, et il découvrit l'agriculture, la plus belle des découvertes.

Avec l'agriculture, l'homme eut à foison des céréales,
des légumes, des fruits, des animaux dits domestiques ;
car ces animaux ne pullulent que dans les pays où le
sol est labouré ou dans ceux habités par des peuples
pasteurs, où les prairies naturelles sont assez vastes,
les plantes fourragères assez abondantes pour nourrir
de nombreux troupeaux, comme les plateaux herbeux
de l'Amérique du Nord, les pampas de l'Amérique du
Sud, les vallées de l'Arabie Heureuse, les steppes de
Russie, les pâturages de l'État romain.

Après avoir tâté de tous les animaux, des plus gros
comme des plus petits, des plus féroces comme des
plus doux, des plus appétissants comme des plus repoussants ; après avoir tâté de l'homme, l'homme en
vint, quand il put composer son alimentation à peu
près à son gré, à se nourrir de céréales, de légumes,
de fruits, de poisson et de viande, et à ne plus manger,
normalement du moins, que les bêtes dont son expérience lui avait démontré les qualités nutritives et le
goût succulent, c'est-à-dire : le bœuf, le cheval, le chameau, le renne, l'âne, le chien, le porc, le mouton e
la chèvre.

Les premiers chasseurs.

II

Le bœuf. — Le bœuf Apis. — Le bœuf dans le paradis indien. — Age
et poids du bœuf. — Ce qu'on tire du bœuf mort. — La vache. — Le
veau. — Festins populaires. — Point de bonne nourriture sans viande.
— Comment il convient de se nourrir. — Le mouton. — Le mouton
divinisé. — Son poids, sa chair, son caractère, ses frayeurs. — Le
cheval. — Pégase et Bucéphale. — L'hippophagie. — La viande de che-

Le bœuf semble être, après le chien, le premier animal que l'homme a asservi et domestiqué.

Le bœuf aida nos ancêtres à labourer la terre, et

Bœufs sous le joug.

leur procura un bon aliment en même temps que sa
femelle leur offrait une boisson délectable ; en récompense, nos ancêtres le divinisèrent et l'élevèrent soigneusement pour le manger dévotement.

Les Africains cuisent sous la cendre les serpents, les
crocodiles, les fauves qu'ils adorent ; les Kamtschatdales mettent à la broche l'ours, auquel ils dressent

des autels; il n'est pas surprenant que les anciens se soient nourris d'une idole qu'ils vénéraient.

Considéré comme un bienfaiteur de l'humanité, le bœuf, dans ce mot nous comprenons les bovidés en général, eut vite des temples. Les Égyptiens, ces incomparables agriculteurs, en firent le dieu Apis, et lui bâtirent, à Memphis, le plus splendide des édifices religieux.

Symbole de la puissance et de la fécondité, le bœuf Apis fut hors de pair dans l'Olympe égyptien.

De son côté, la déesse Isis eut, sur la tête, des cornes de vache, comme plus tard Io en porta chez les Grecs.

Dans la mythologie hindoue, le bœuf *Nanda* est le gardien d'une des portes du ciel, et la vache eut l'honneur d'être le premier être créé; dans la mythologie gréco-latine, le bœuf représente une constellation, celle du *Taureau;* les Celtes considéraient la vache comme un animal divin; bref, les traditions antiques sont d'accord pour assigner au bœuf un rôle supérieur.

Le bœuf vit 25 à 30 ans; à trois ans il a pris son accroissement, sinon son embonpoint, et il peut travailler; de cinq à dix ans il atteint toute sa force; vers sept ans il est dans des conditions favorables à l'engraissement.

Le poids moyen des bœufs amenés au marché de la Villette est de 350 kilos; mais on a vu, à Paris, à la fin du carnaval, des bœufs gras de trois mille livres.

Avec la peau du bœuf on fait des chaussures et cent autres choses; avec les poils de sa peau, recueillis par le tannage, on obtient un tissu dans lequel on taille les limousines des rouliers; avec ses cornes, ses sabots, ses pieds, on fait des peignes, des boutons, des tabatières, de l'huile; avec ses os, on fabrique mille objets

de tabletterie, de la gélatine, de la colle et du noir animal; avec sa graisse, on a des chandelles et du savon; avec ses intestins, des cordes pour des instruments de musique, et avec sa chair, le pot-au-feu et le rôti le plus apprécié de la saine et forte cuisine.

Il est utilisé dans toutes ses parties. Vivant, c'est un incomparable instrument de travail; mort, c'est une mine de produits; on a donc raison de lui assigner le premier rang parmi les animaux domestiques, quoique son intelligence soit bornée.

Le bœuf le meilleur pour la table est celui qui a de cinq à dix ans d'âge, qui n'est ni trop gras, ni trop maigre, ni trop fatigué, et dont la chair est foncée et marbrée de graisse.

Le bœuf rôti est plus sapide et plus nourrissant que le bœuf bouilli, surtout s'il est servi un peu saignant, car la cuisson prolongée altère ses principes nutritifs.

La vache donne de la bonne viande jusqu'à dix ans.

Le veau (l'enfant de la vache et du taureau; la vache porte neuf mois), le veau, dont la chair fine, blanche, rafraîchissante, est recherchée, n'est suffisamment comestible qu'à l'âge de six semaines. A l'âge de six mois, pour la boucherie, il n'est plus veau et n'est pas encore bœuf. On doit éviter de le manger saignant, car, selon nos pères, « veau mal cuit et poulet cru font les cimetières bossus. »

Qui ne se souvient de ces vieux récits où, dans des festins de gala ou populaires, des armées de cuisiniers servaient des bœufs, des veaux entiers, rôtis, plats de Gargantua auprès desquels les autres mets n'étaient rien?

Pour que l'alimentation soit en rapport avec les besoins du corps, il est nécessaire que la viande y entre, parce que la viande contient des principes répa-

Les bœufs au pâturage.

rateurs, fortifiants, dont l'homme ne saurait se passer
impunément.

« Autrefois, écrit M. Maigne, l'ouvrier des villes et,

à plus forte raison, celui des campagnes, mangeaient très rarement de la viande; aujourd'hui, c'est le contraire qui a lieu. Il faut s'applaudir de ce changement, car l'homme bien nourri travaille mieux et vit plus longtemps. Or, il n'y a point de nourriture convenable, suffisamment réparatrice, sans l'usage de la viande. A l'époque où l'on construisait le chemin de fer du Havre à Rouen, qui avait été concédé à une compagnie anglaise, une circonstance fortuite mit en évidence ce que nous venons de dire. On fit travailler ensemble des ouvriers anglais et des ouvriers français. Ces derniers, malgré leurs efforts, malgré l'amour-propre qui les talonnait, arrivaient à grand'peine à faire la moitié de la besogne que leurs compagnons achevaient sans se presser. Menaces, encouragements, tout échouait; il y avait là une sorte d'impuissance physique qui sautait aux yeux. Un médecin consulté sur ce fait eut l'idée de s'enquérir de la nourriture respective des deux groupes d'ouvriers. Les Français dînaient de soupe maigre, de légumes, de fromage, ou de pain et d'eau. Quant aux Anglais, ils buvaient de la bière, mangeaient peu de pain et consommaient beaucoup de viande. Dès ce moment, la question fut résolue. On mit nos compatriotes au régime de leurs rivaux : quelques jours après, ils les avaient égalés et même surpassés. »

La viande ne doit néanmoins constituer qu'une partie de l'alimentation; les hommes qui ne mangent que de la viande se portent aussi mal que ceux qui ne mangent que des légumes et des fruits.

Un homme adulte est convenablement nourri lorsqu'il consomme quotidiennement 300 grammes de viande, 400 grammes de légumes ou de substances féculeuses et 700 grammes de pain.

Les quantités, sinon les proportions, varient, naturellement, suivant le tempérament, le genre d'existence,
les fatigues et l'âge de l'individu.

Le mouton est, selon quelques naturalistes, le plus
ancien des animaux domestiques (¹). Nous ne conteste-
rons point cette assertion, et nous nous bornerons à
dire que les troupeaux de moutons et de chèvres ont,
de tout temps, constitué, dans l'Asie centrale et du
sud-ouest, l'élément principal de la vie pastorale, vie
qui tient une place si importante dans la Bible.

Si le mouton n'aide pas l'homme à labourer la terre,
il lui fournit, avec sa toison de quoi se vêtir, avec sa
chair de quoi vivre, avec son suif de quoi s'éclairer, et
ces avantages lui ont valu une haute place dans l'estime et le culte des Sémites.

Les Israélites eurent l'agneau pascal, qui, d'après la
volonté de Dieu signifiée à Moïse, devait être sans
tache, n'avoir qu'un an, et qu'il fallait manger, non
point cuit à l'eau, mais rôti au feu, à la broche ou sur
le gril, genre de cuisson qui convient à la viande de
mouton.

Les anciens païens créèrent un Jupiter aux cornes de
bélier : Jupiter Ammon ; ils appelèrent Bélier l'une des
constellations, et dans leurs solennités religieuses ils
immolèrent aux dieux des brebis, des agneaux ou des
béliers.

Le mouton, dont les variétés sont nombreuses, vit
douze ou quatorze ans ; à dix ans il est vieux. Il pèse
communément 40 à 50 kilos, toison comprise. Quel-

______

(¹) On appelle le mâle *bélier*, la femelle *brebis*, et le petit du bélier et
de la brebis *agneau*. La brebis porte cinq mois et met bas un agneau à la
fois. Cependant, certaines races vont jusqu'à deux ou trois agneaux.

ques races fournissent des sujets de 70 kilos, sur lesquels 40 à 50 kilos de chair.

Les côtelettes, le gigot, l'épaule, la selle, les pieds de mouton, sont des mets trop communs pour que nous ayons besoin d'en parler.

Les herbes substantielles des prairies des bords de

Troupeau de moutons.

la mer, des *prés salés*, donnent un goût délicat à la chair, si facile à digérer, du mouton.

Le mouton, se croisant, s'améliorant, se reproduisant sans peine, est universellement estimé.

Borné, sans caractère, peureux, il n'a pas, après l'homme qui le mange, de plus grand ennemi que lui-même.

Un orage, un bruit insolite, le met en fuite, qu'il soit seul ou en compagnie.

On connaît l'histoire des moutons de Panurge : la crainte pousse les moutons à se précipiter à la suite d'un de leurs congénères qui, dans un instant de terreur, se sera enfui, tête baissée, n'importe où.

En Russie, en Asie, au milieu des tourmentes de neige, les moutons se sauvent affolés, sautent dans la mer ou restent cloués au sol et se laissent ensevelir sous la neige.

On a vu des centaines de moutons griller dans des incendies, rien n'ayant pu les tirer des granges enflammées, ou périr étouffés en se serrant les uns contre les autres, parce qu'ils avaient entendu des cris, des aboiements.

Les Russes se servent de chèvres pour conduire et retenir les moutons; mais les chèvres n'empêchent pas toujours les moutons d'aller, entraînés par une frayeur panique et stupide, se noyer dans la mer, ou se tuer au fond de précipices, au contentement des loups, des ours, des aigles, des vautours, des félins et autres rapaces ou carnassiers.

Le cheval, *ce noble animal,* ce facteur de la civilisation, cet universel agent des communications entre les hommes, n'a pas été moins célébré, moins honoré que le bœuf.

Pégase était un personnage respecté de la mythologie grecque; les anciens Mongols adoraient le cheval et lui offraient des sacrifices; les Perses, les Germains, le vénéraient; les Grecs, les Latins, l'aimaient parfois au delà du raisonnable.

Quand Bucéphale, le cheval de bataille favori d'A-

lexandre, mourut, à l'âge de trente ans, le conquérant
bâtit, en son honneur, une ville sur les bords de l'Hy-
daspe, et lui donna le nom de Bucéphalie.

Les empereurs romains Caligula, Néron, Commode,
Héliogabale, poussèrent l'hippomanie au delà des li-
mites.

Les paladins du moyen âge eurent des tendresses in-
finies pour celui qui les portait au combat; les Arabes
tiennent des listes généalogiques de leurs chevaux; de

Pégase.

nos jours, les vainqueurs des courses sont l'objet de
soins minutieux; cependant ces témoignages d'affection
n'ont pas détourné du cheval le triste honneur de servir
à l'alimentation.

On n'en a pas toujours mangé partout, mais on en
a toujours mangé quelque part.

Aujourd'hui, grâce au prix excessif de la viande de
bœuf et de mouton, l'hippophagie a vaincu la répugnance, mal fondée du reste, que le public avait pour

elle, et elle a pris place dans la boucherie et la charcuterie, car on fabrique beaucoup de saucissons de cheval.
Une ordonnance de police du 6 juin 1866 règle son
existence légale.

La consommation de la viande de cheval est considérable à Paris, et elle le serait plus encore si les
bouchers hippophagistes n'essayaient pas de livrer au
public, malgré la surveillance de la police, des bêtes

Courses de chars sous Néron.

atteintes de morve, de farcin, de maladies cutanées et
d'affections de poitrine.

Il n'y a aucun inconvénient à manger de la viande
de cheval; on commence à le comprendre; on en sera
bientôt persuadé.

La jument porte un an, et son poulain ou sa pouliche
vient au monde couvert ou couverte de poils dont la
couleur est variable.

Cheval de course.

Le cheval est intelligent et se montre aimant et do-
cile quand il est bien soigné; mais gare si on le mal-

Le pansage.

traite! alors, il attend l'occasion de se venger, et il en
profite avec une âpre satisfaction.

Nous avons présents à l'esprit, à ce propos, ces deux traits caractéristiques :

Un jour, un fardier pesamment chargé, traîné par quatre vigoureux chevaux normands, suivait le boulevard Sébastopol. Le charretier qui le conduisait mar-

Le cheval de trait.

chait insoucieusement à côté de son attelage, quand soudain, faisant un faux pas, il tomba presque sous la roue du lourd chariot, et, cédant à la peur, poussa un « ho! » perçant. A ce cri, le limonier s'arrêta court, et comme ses camarades persistaient à tirer, il se raidit sur ses jambes avec une telle vigueur qu'il les obligea à

reculer. Sauvé par l'instinct de son cheval, le charretier se releva, se précipita à la tête de l'animal et l'em-
brassa, les larmes aux yeux.

Cet homme avait reçu, de la Société protectrice des
animaux, une récompense pour son humanité envers

Les caresses.

ses bêtes, et c'était cette humanité qui expliquait l'action du limonier.

Peu après, nous assistâmes, sur la même voie publique, à un fait tout différent.

Un charretier, également de fardier, connu pour sa

grossièreté et sa cruauté, qui menait des matériaux à
l'Hôtel de ville en reconstruction, dût se ranger contre
le trottoir pour laisser passer le tramway. Dans ce
mouvement, un de ses chevaux ayant eu une jambe
engagée au-dessus d'un des brancards, il lui donna de
violents coups de pied dans le ventre, puis finit par le
frapper à tour de bras, sur le nez, avec le manche de
son fouet. Les passants indignés allaient intervenir
contre le misérable, quand le cheval martyrisé se fit
justice lui-même. Saisissant entre ses dents le bras
droit de son tourmenteur, il le lui broya en trois endroits sans qu'on pût l'obliger à lâcher prise. Ne se
défendant pas contre ceux qui s'efforçaient de délivrer
le charretier, il cherchait à ressaisir ce dernier lorsqu'on le lui eut arraché !

Le cheval dont il s'agit s'était évidemment vengé là
de nombreux sévices.

La chair de l'âne n'est pas très appréciée dans nos
régions; dans les contrées chaudes, on en fait cas.

Les anciens avaient l'âne en grande estime, et, au
dire de Varron, la viande de ce quadrupède était, pour
Mécène, la plus délicate.

Xénophon, racontant la rencontre qu'il fit, dans les
plaines situées à l'ouest de l'Euphrate, pendant l'expé-
dition de Cyrus le jeune, de troupeaux d'ânes sauvages,
ajoute : « Ils couraient plus vite que les chevaux, et on
ne pouvait en faire la chasse qu'avec des piquets de
cavalerie placés de distance en distance. La chair de
ces animaux a le goût de celle du cerf, elle est seulement plus tendre. »

Alors on mangeait l'âne dans toute la Perse.

En France, on n'abat guère les ânes que pour en faire du saucisson.

Le lait d'ânesse passe, depuis des milliers d'années, pour un remède contre la faiblesse, l'épuisement et la phtisie.

L'âne.

François 1er, mis à mal par ses excès, aurait été sauvé, prétend-on, par une cure de ce lait que lui ordonna un médecin juif de Constantinople qu'il avait appelé auprès de lui.

De nos jours, le lait d'ânesse est encore très en usage.

Dans l'antiquité, les dames romaines en buvaient et en usaient pour se blanchir la peau.

Suivant Diodore, Poppée, femme de Néron, entretenait cinq cents ânesses, dont le lait lui servait à prendre des bains.

L'ânesse porte onze mois pleins ; c'est au douzième

La patience de l'âne.

mois qu'elle met au jour un petit pour lequel elle montre une vive tendresse.

On ne s'explique pas pourquoi l'âne est un objet de mépris et l'emblème de la bêtise, car il est sobre, travailleur, patient, courageux, d'une incontestable utilité et aussi intelligent que le cheval.

La réputation des animaux se fait souvent aussi légèrement et aussi inconsidérément que celle des hommes.

« L'âne est la franchise même, affirme justement

M. Victor Rendu dans son livre : *les Animaux de la France ;* son caractère ignore la dissimulation ; il exprime sa joie par un rire auquel on ne peut se méprendre, en retirant ses lèvres d'une étrange manière, et en montrant au grand jour toute l'armature de ses larges mâchoires. Il sait parfaitement reconnaître son maître à travers la foule ; il le sent de loin, et, quand il le voit venir, il lui souhaite la bienvenue par un regard affectueux, et en lui tendant sa bonne grosse tête, toute pleine de bonhomie. »

D'après Franklin, l'âne aurait l'oreille aussi musicale que grande.

« Un âne de Chartres, lisons-nous dans la *Vie des animaux,* avait coutume d'aller au château de Guerville, où l'on faisait de la musique. La propriétaire de ce château était une dame qui avait une jolie voix. Toutes les fois qu'elle commençait à chanter, l'âne ne manquait pas de s'approcher de la fenêtre et d'écouter avec une attention soutenue. Un jour qu'un morceau de musique venait d'être exécuté, — un morceau qui plaisait sans doute plus à notre dilettante que ceux qu'il avait entendus jusque-là, — l'animal quitta son poste ordinaire, entra sans cérémonie dans le salon, et, pour ajouter à ce qui manquait selon lui à l'agrément du concert, se mit à braire de toutes ses forces. »

Ceux qui nient les qualités de l'ouïe chez l'âne oublient que cet animal est celui qui sert le mieux l'harmonie après sa mort. Ne fait-on pas des tambours, des grosses caisses, des timbales avec sa peau ? Et connaît-on un orchestre qui se passerait de lui ?

Pour démontrer l'intelligence de l'âne, J. Franklin cite cette anecdote concluante :

« En mars 1816, un âne qui était la propriété du ca-

pitaine Dundas avait été chargé à Gibraltar, pour l'île
de Malte, sur la frégate *Ister*. Le vaisseau ayant touché
des bancs de sable, vers la pointe de Gat, à une certaine
distance du rivage, l'âne fut jeté par-dessus bord pour
lui donner la chance de regagner la terre. Son sort
était déplorable, car la mer s'enflait si terriblement,

L'âne qui attend son maître.

et à une telle hauteur, qu'une barque qui avait quitté
le navire fut perdue. Quelques jours après, lorsqu'on
ouvrit le matin les portes de Gibraltar, l'âne se présenta de lui-même pour être admis dans l'écurie de
M. Weeks, un négociant de la ville. *Valiante*, c'était
le nom de l'animal, avait déjà occupé ce local. Quelle

fut la surprise de cet honnête marchand! Il s'imaginait que, pour une raison ou pour une autre, l'âne n'avait pas été embarqué sur l'*Ister*. Au retour du navire, le mystère s'éclaircit. Non seulement *Valiante* avait nagé sain et sauf vers le rivage, mais, sans guide, sans compas, sans carte géographique, il avait trouvé sa route depuis la pointe de Gat jusqu'à Gibraltar, une distance de plus de deux cents milles qu'il n'avait jamais parcourue avant cette aventure. La courte période de temps dans laquelle ce voyage avait été accompli montrait que l'animal ne s'était pas écarté du droit chemin. »

Au reste, les bateleurs montrent fréquemment dans les foires des ânes savants, plus savants que les chevaux savants; et nous nous rappelons avoir vu à Paris, dans nos grands cirques, de 1860 à 1867, un âne appelé *Rigolo* qui attirait la foule et était bien l'être le plus amusant du monde. Ce prodige a eu un successeur digne de lui au Cirque d'hiver, en 1882.

Dans les contrées d'où il est originaire, en Perse, en Arabie, en Libye, en Égypte, l'âne atteint sans peine la quarantaine, et, comme aliment, dans sa jeunesse, il vaut presque le bœuf; chez nous, où il est dégénéré, il dépasse rarement quinze ans.

Il n'entrera sans doute pas aussi avant dans la boucherie que le cheval; mais cette infériorité ne le chagrinera point : c'est un animal modeste.

De temps immémorial, en Asie, on mange le chameau comme l'âne.

Héliogabale, qui avait été élevé en Orient, aimait la viande de chameau, et, assure Lampridius, autant par excentricité de gourmet que pour se garantir contre l'épilepsie, se faisait servir un plat composé de tendons de chameaux, de crêtes de coqs vivants, de langues de paons et de rossignols.

« Le chameau, a écrit Buffon, vaut non seulement mieux que l'éléphant, mais peut-être vaut-il autant que le cheval, l'âne et le bœuf, tous réunis ensemble; il porte seul autant que deux mulets; il mange aussi peu que l'âne, et se nourrit d'herbes aussi grossières; la femelle fournit du lait pendant plus de temps que la

Les ânes au vert.

vache; la chair des jeunes chameaux est bonne et saine comme celle du veau... »

Ce n'est pas là le sentiment de tous ceux qui ont voyagé dans l'Asie méridionale et dans l'Afrique occidentale; néanmoins, nous reconnaissons que le chameau à une bosse, vulgairement nommé *dromadaire*, et le chameau à deux bosses, proprement dit *chameau*, qui appartiennent à la même famille et ont les mêmes aptitudes, sont une richesse dans le richissime Orient.

Complétons, en ce qui concerne l'alimentation, la silhouette du *navire du désert* avec ces lignes du *Voyage au Caucase* du Russe Basile Vereschaguine :
« Au bord de la route, une caravane de chameaux s'est arrêtée pour prendre un peu de repos. Les conducteurs tatars goûtent les douceurs du sommeil sous des tentes improvisées, qu'ils ont construites avec leurs ballots de marchandises étalés en muraille et couverts d'une sorte de toiture de feutre. Les bêtes, allégées de leur charge, arrachent le peu de mauvaises herbes qu'elles peuvent rencontrer, ou s'étendent tranquillement sous les rayons du soleil. Le chameau au repos est un bel animal.

« Le cou et le museau allongés, la lèvre inférieure pendante, les narines largement ouvertes, les yeux fermés, il ronfle. Pauvre souffre-douleur ! Il jouit en épicurien de ces rares minutes agréables qu'on veut bien ou que l'on est contraint de lui accorder. Lorsque le soir ramènera quelque fraîcheur, il faudra se remettre en route, pour continuer le voyage, sans s'arrêter, pendant la nuit et toute la matinée suivante.

» J'ai souvent contemplé avec pitié ces malheureuses bêtes exposant au soleil leurs bosses éreintées et couvertes de blessures. Alors, presque toujours, des corbeaux s'abattent vers ces singulières proéminences, sûrs d'y trouver une abondante pâture, car les insectes y pullulent ; jamais le chamelier ne prend la peine de les en déloger. Aussi le corbeau est-il le très bien venu : l'amphytrion et l'hôte sont visiblement satisfaits l'un de l'autre.

» La mort du chameau, accident fréquent et inévitable par suite des fatigues incessantes et des mauvais traitements que le malheureux quadrupède subit, est tout à la fois pour la caravane une cause de douleur et de joie : on regrette un peu les services de l'utile compagnon, mais on a la souriante perspective de le manger. Il n'arrive pas tous les jours au pauvre conducteur de pouvoir se nourrir de viande.

» Dans une circonstance de ce genre, j'ai assisté à la réunion d'un conseil de chameliers : il s'agissait de décider du sort d'un chameau malade. Sa mort fut votée ; on coucha le condamné sur le flanc, on lui lia les pieds ; puis, après lui avoir tendu le cou, en ramenant la tête vers le dos, on lui enfonça résolument le couteau dans la poitrine.

» C'était un spectacle affreux de voir cet animal, les yeux injectés de sang, râler et se débattre contre la mort.

» Lorsque le sang eut cessé de couler, un robuste gaillard grimpa sur le ventre de la bête, et se mit à piétiner et à sauter pour en faire sortir jusqu'aux dernières gouttes. Ensuite, tous les convives futurs, les manches retroussées, s'empressèrent de le tailler en morceaux, de l'éventrer, de le faire cuire et de se préparer un copieux festin. Dans ce seul repas, ils en consommèrent près de la moitié. »

Le renne, que l'on considère comme le premier sujet de la famille des cervidés, est un bienfait de la nature au nord de l'Europe, de l'Asie et de l'Amérique.

Pour les déshérités de ces régions où le froid paralyse la végétation, il tient lieu du bœuf, de la vache et du cheval ; son lait, sa chair, sa peau, ses os, ses tendons, tout en lui est utilisé ; de plus, il sert de bête de somme et de bête de trait, traîne le traîneau et porte le bagage de son maître nomade, sans exiger d'autre récompense, pour sa peine, qu'une maigre ration.

La sobriété du chameau n'est rien auprès de la
sienne.

Quand les épizooties et la rigueur de la saison dé-
ciment les rennes, la misère s'abat sur les populations

au milieu desquelles frappent ces fléaux, et l'on voit le Lapon, si honnête par tempérament, et qui ne toucherait pas à des montagnes d'or, se livrer au vol des rennes domestiques et entrer en lutte avec les propriétaires de ceux-ci qui le tuent impitoyablement lorsqu'ils le surprennent.

Le renne parcourt facilement, à raison de 10 kilo-

Le renne.

mètres à l'heure, des espaces immenses attelé à un traîneau pesamment chargé. En été, son lait, dont on fait du fromage, est un excellent breuvage; en automne, sa chair est une ressource bénie.

Les Crésus Lapons possèdent des troupeaux de deux ou trois mille rennes qu'ils ont à défendre contre les loups, les ours, les lynx et les taons, qui mettent souvent les pauvres bêtes à la torture.

La femelle du renne porte sept mois, d'octobre à

La chèvre le disputait jadis à la brebis, dans la

avril ; elle est unipare et soigne tendrement son faon,
qui est une gracieuse créature.

nourriture de l'homme. Encore aujourd'hui, son lait, sa chair, son poil, la classent, dans le Levant, sa patrie, à côté de celle-ci.

La chèvre.

La chair de la chèvre ne vaut pourtant pas la chair de la brebis ; en revanche, le chevreau est souvent préférable à l'agneau.

Le chevreau est demeuré le régal du peuple romain.

On en fait une assez grande consommation dans le midi de l'Europe; on en mange peu dans le centre et dans le nord.

C'est surtout par son lait, si abondant qu'elle en donne deux litres par jour, et par son poil soyeux, que la chèvre est une fortune pour l'homme.

Quand elle a passé à la boucherie, sa peau sert à faire du cuir de Cordoue, du maroquin, voire du parchemin.

On la rencontre presque partout, car elle a été importée en Amérique et en Australie, et partout, particulièrement dans les régions alpestres, elle se multiplie.

La plus belle chèvre est la chèvre d'Asie.

La chèvre est adulte à un an; elle s'accouple en novembre et met bas en avril deux petits, ordinairement, auxquels elle témoigne un vif attachement. Ceux-ci s'apprivoisent très facilement. Son mâle est le bouc; il suffit à cinquante ou cent chèvres. Aucun animal n'est plus facile à nourrir, car elle s'accommode de toutes les plantes. On a remarqué qu'elle ne broute pas l'herbe des prairies sur lesquelles du fumier ou un autre engrais fétide a été répandu.

III

Le cochon, que les Égyptiens et les Israélites réputaient immonde, sans doute à cause de sa voracité
aveugle et parce qu'il mange volontiers des ordures et
de la chair humaine, vivante ou morte, — on l'a vu
dévorer des enfants au berceau, — le cochon avait
chez les anciens Européens une situation tout aussi
honorable que celle du mouton.

Tandis qu'en Égypte l'entrée des temples était interdite aux porchers, Homère qualifiait de *divin* le porcher Eumée, et les cochons étaient les victimes préférées dans les sacrifices offerts aux dieux.

L'industrie agricole s'empara de bonne heure de l'engraissement des porcs, et en tira de beaux revenus.

La charcuterie se propagea vite, parce qu'on trouva
promptement les moyens de préparer et de conserver
la viande de porc.

Avec le porc salé ou fumé on eut la table toujours
mise : une tranche de jambon, de saucisson, un morceau de lard, du pain, et l'on dînait.

Les soldats grecs et romains avaient, en campagne,
du porc dans leurs sacs et dans leurs fourgons ; les
voyageurs, les marins, faisaient de la viande de porc
leur principal aliment ; citadins et paysans employaient
la graisse de porc comme condiment, dans la cuisine,
de préférence au beurre et à l'huile ; bref, le porc était
pour tous, dans l'antiquité, l'aliment nécessaire.

On ignore à quelle époque les anciens apprirent à
saler et à fumer le porc ; on sait seulement qu'on sale et

qu'on fume la viande de porc de temps immémorial,
et que les Romains estimaient particulièrement les jambons gaulois fumés.

L'élevage des porcs est aussi économique qu'élémentaire.

En 1872, nous nous trouvions en villégiature dans
une petite localité des Abruzzes; presque chaque famille y possédait un porc. Le matin, tous les porcs du
bourg, environ deux cents, se réunissaient sur la grande
place, où un porcher les attendait. Ce porcher les em-
menait dans les bois, où ils cherchaient leur nourriture
sous les chênes et les châtaigniers. Le soir, avant la
tombée de la nuit, ils revenaient, conduits par leur
gardien. A l'entrée du pays, le troupeau se dispersait,
et chaque cochon retournait seul à son domicile par le
chemin le plus court. Parfois, lorsqu'il appartenait à
des journaliers, ses maîtres n'étaient pas encore revenus des champs, et il trouvait porte close; alors il se
mettait à grogner, à pleurer, devant cette porte, d'une
manière aussi bruyante que comique, jusqu'au moment
où ceux qu'il attendait, arrivant, le tiraient de peine.
Aussitôt, ses larmes, ses gémissements, cessaient, et
il se précipitait joyeusement dans la maison.

Nous assistâmes à plusieurs scènes de ce genre.

Le porcher était payé en nature, une fois l'an : les
uns lui donnaient du vin, les autres des céréales ou du
lard salé. Il vendait une partie de ces provisions et gar-
dait le reste pour son usage.

Le cochon, malgré son caractère grognon, volon-
taire, et la gloutonnerie répugnante qui dirige trop
souvent ses actions, est susceptible d'apprendre bien
des choses, ce qui signifie qu'il n'est point inintelligent.

Les cochons savants ne sont pas rares dans les fêtes

foraines; Louis XI, durant sa dernière maladie, eut
le spectacle de cochons danseurs qui le divertirent, et
Brehm cite un cochon savant qu'on montrait à Londres et qui savait lire : on étendait deux alphabets sur
le sol; quelqu'un de la société était prié de prononcer
un mot; le propriétaire le répétait à son élève, et
celui-ci, prenant avec les dents les lettres, les disposait

Troupeau de cochons.

dans l'ordre voulu. Il indiquait, en outre, l'heure que
marquait une montre.

Le cochon, qui a eu l'honneur de partager la vie re-
tirée d'un saint ermite (saint Antoine), ne saurait être,
du reste, le premier animal venu.

Jadis on laissait les cochons errer par les villes;
plusieurs rois de France, de saint Louis à François Ier,
interdirent cette dangereuse coutume, fertile en incon-
vénients. Il y eut, à ce propos, un nombre infini de procès, et, chose curieuse, de jugements rendus contre des
porcs qui avaient causé tel ou tel dégât, tel ou tel accident.

Pendant longtemps, le bourreau fut autorisé à saisir les porcs qu'il trouverait vaguant dans les rues, sauf les porcs appartenant aux moines antonins (de saint Antoine), et à les conduire dans un endroit désigné, où il pouvait leur couper le cou, s'ils n'étaient rachetés par

leurs propriétaires à raison de cinq sous d'argent par tête.

La charcuterie est devenue presque un art dans l'Italie centrale, en Autriche, en Allemagne, en Angleterre et en France, où les jambons de Bayonne, les saucissons de

Lyon et d'Arles, ont la célébrité des jambons d'York et de Mayence, des saucisses de Francfort et de la mortadella de Bologne.

A Paris, la charcuterie est la commune ressource d'alimentation de la classe ouvrière.

La consommation qu'on fait de la charcuterie a entretenu l'élevage du porc, d'autant, nous l'avons dit, que le porc n'est pas difficile et mange de tout, même des immondices, ce qui a donné lieu au dicton : « Sale comme un cochon »; même de la viande crue, des corps en putréfaction.

Une seule chose répugne à ce dévorant : la chair de chien.

« Dans le parc de porcs de Cobourg, écrit Lenz, on jette aux animaux des chevaux morts, qu'ils dévorent avec avidité; leur jette-t-on un chien, aucun n'y touche. »

Les chiens ne sont pas si dégoûtés, et ils mangent la chair de porc sans se faire prier, quoique celle-ci soit lourde et indigeste.

Il est vrai (est-ce une punition providentielle?) qu'on les mange, à leur tour, comme de vulgaires moutons.

Le porc descend du sanglier, et appartient à l'ordre des pachydermes. Quand il est adulte, et il croît si rapidement qu'à l'âge de huit mois il est capable de se reproduire, on le nomme *verrat*. Sa femelle prend le nom de *truie*, de *coche* ou de *gore*. Les petits du verrat et de la truie sont appelés *cochons de lait, gorets, pourceaux* ou *cochonnets*.

Le porc est susceptible de s'engraisser au point de peser plus de six cents kilogrammes, et la truie peut mettre bas jusqu'à vingt-quatre petits. L'accouplement de ces êtres obèses et prolifiques a lieu deux fois l'an,

en avril et en septembre, et la gestation dure quatre
mois. La portée est de quatre, de six, de douze, de
quinze, et quelquefois de plus de vingt cochons. La

Le lapin.

truie aime ses pourceaux au point de les dévorer : aussi
faut-il la surveiller quand elle allaite.

Quoiqu'il soit malpropre par tempérament, lorsqu'il
est bien tenu dans des porcheries dallées et fréquem-

ment nettoyées, le porc prospère mieux que quand il croupit dans des étables infectes et pleines d'ordures.

Dans l'Afrique centrale, le chien a l'honneur de fournir, avec le porc, la plus grande quantité de viande de boucherie. Chez les Ashantees et au Dahomey, on trouve, sur les marchés, de la chair de chien, fraîche ou séchée au soleil. Dans les régions froides, au Kamtschatka, au Groënland, en Laponie, la viande de chien est le mets dont on ne se lasse pas ; et nous-mêmes, Parisiens, nous n'avons pas hésité, pendant la guerre de 1870-71, à nous repaître de l'ami de l'homme.

Personnellement, nous avouons avoir mangé, vers la fin du siège de Paris, des côtelettes de chien qui nous parurent aussi bonnes que des côtelettes de mouton, et que nous achetions au prix de 8 à 9 francs la livre, selon les jours, dans une boucherie canine du marché Saint-Germain.

La consommation de la viande de chien n'a pas survécu, chez nous, à la guerre ; mais elle ne tend nullement à faiblir dans les contrées que nous avons désignées ci-dessus.

A côté des bêtes domestiques que nous venons de passer sommairement en revue, l'alimentation s'est emparée d'autres animaux, par exemple du lapin, qui, originaire d'Espagne, s'est propagé dans l'ancien et le nouveau monde, et que nos gargotiers remplacent, à l'occasion, par le chat.

En France, en Belgique, en Angleterre, c'est par millions qu'on mange annuellement les lapins.

La chair du lapin est succulente et la cuisine en tire de merveilleux plats ; quant à la peau, elle est mainte-

nant indispensable à plusieurs industries, notamment
à la chapellerie.

La fécondité de la femelle du lapin est extraordinaire. Un naturaliste a calculé de cette façon la progéniture d'une paire de lapins : admettant qu'une femelle ait sept portées par an, chacune de huit petits, cette progéniture, en quatre ans, atteindra le chiffre de 1 274 840 individus. Que de coulis et de gibelottes !

Si l'on ne mangeait pas le lapin, il faudrait l'exter-

Le lapin et sa famille.

miner, car nul rongeur ne ruine plus les campagnes.

Strabon, parlant des îles Baléares, dit que les lapins y étaient devenus si nuisibles, en détruisant les plantations et en faisant crouler même les maisons par leurs galeries souterraines, que les habitants envoyèrent à Rome des députés pour obtenir d'autres pays à habiter.

Cela indique que l'utilité du lapin était inconnue à cette époque.

De nos jours, on élève autant de lapins domestiques qu'on extermine de lapins de garenne; pourtant, le lapin est encore cher, et si l'on veut s'en procurer, au marché, un capable de faire un plat de résistance, il faut mettre 3 à 4 francs.

En Danemark, en Hollande, en Angleterre, en Irlande, en France, on a peuplé de lapins les dunes, les landes, les terrains conquis sur la mer; et comme le lapin s'accommode de la pitance la plus maigre, on est arrivé ainsi à tirer, d'espaces incultes et précédemment improductifs, de superbes revenus.

Nous sommes loin, là, des Baléares!

Le lièvre, le sanglier, le chevreuil, le cerf, le chamois, et, selon les pays, l'ours, l'éléphant, les antilopes, l'hippopotame, la girafe, dont la chair rappelle celle du veau, tous les mammifères, gros et petits, qu'on se procure par la chasse, aident accidentellement à l'alimentation, et apportent leur contingent à la quantité de viande nécessaire à la subsistance des peuples.

La cherté et la rareté de la viande, lorsque des maladies épidémiques frappent les animaux domestiques ou que la guerre bouleverse les États et y détruit l'agriculture, ont donné naissance à l'industrie des conserves.

La dessiccation dans les pays chauds, le salage dans les pays maritimes, le boucanage, le fumage, sont les moyens usuels de la conservation de la viande.

La chimie moderne a trouvé d'autres procédés qui ont permis de donner une extension inattendue au commerce des substances alimentaires préparées. C'est ainsi que les États-Unis nous expédient, à présent,

dans des boîtes de fer-blanc soudées comme nos boîtes
de sardines, du homard cuit, du bœuf à la mode, enfin
non plus seulement de quoi faire de la cuisine, mais
de la cuisine toute faite.

A Paris, chaque habitant consomme cent dix-huit

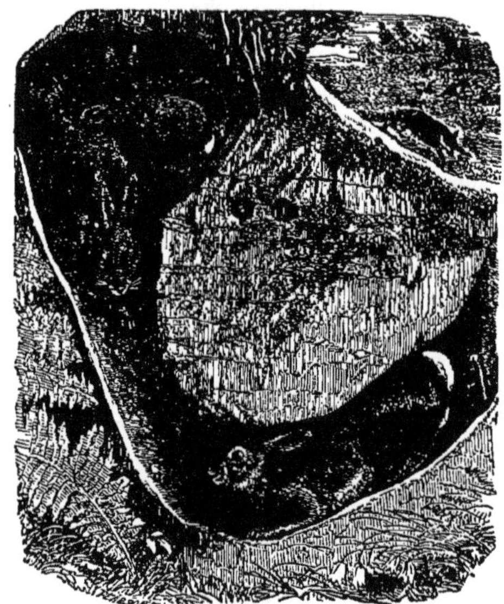

Terrier de lapin.

à cent vingt kilogrammes de viande par an; mais Paris
est une exception, car, dans les départements, les citadins mangent, dans le même temps, soixante-quinze
kilogrammes de viande de toutes sortes, et les paysans
quarante.

Chez les Anglais, la consommation de la viande s'é-
lève, annuellement, à Londres et ailleurs, pour chaque
individu, à cent quarante-cinq kilos.

Les poules.

Nous ne nous nourrissons donc pas aussi substan-
tiellement que nos voisins.

Toutefois, si nous réfléchissons qu'au dix-huitième

siècle l'habitant des villes mangeait à peine, chez nous,
trente kilos de viande par an, et l'habitant des campagnes cinq, nous reconnaîtrons que nous n'avons pas
sujet de nous plaindre.

Dans la consommation dont nous parlons entrent les
oiseaux de basse-cour et ce que nous appellerons la
viande maigre, le poisson.

La poule, le pigeon, le canard, l'oie, la dinde, peuvent être considérés comme de la viande de luxe. La
domestication de ces oiseaux est très ancienne.

Lorsque le roi Henri **IV** disait qu'il voulait que
chaque paysan pût mettre la poule au pot le dimanche,
il indiquait parfaitement l'utilité rare du meilleur des
gallinacés.

La poule a la viande et l'œuf, et cela la rapproche
de la vache qui a la viande et le lait.

On compte, en France, quarante-cinq millions de
poules et cinq ou six millions de coqs, qui nous grati-
fient, du 1ᵉʳ janvier à la Saint-Sylvestre, de cent millions
de poulets. Sur ces cent cinquante millions de volatiles,
huit millions de poules, deux ou trois millions de coqs
et quatre-vingt-dix millions de poulets sont mangés,
rôtis ou fricassés. Les poules fournissent, en outre, à la
consommation, un nombre d'œufs qu'on évalue à plus
de quatre milliards, une poule pondant cent cinquante
ou deux cents œufs par an. Tout cela procure aux éleveurs une recette de trois cent cinquante millions, et
au public un surcroît d'alimentation qui n'a pas atteint
son maximum, car on a calculé que nos départements
réunis nourriraient cent cinquante millions de poules

douze ou quinze millions de coqs, qui produiraient
chaque année cinq cent millions de poulets et quinze

milliards d'œufs! Dans ce cas, la poule fournirait, à elle

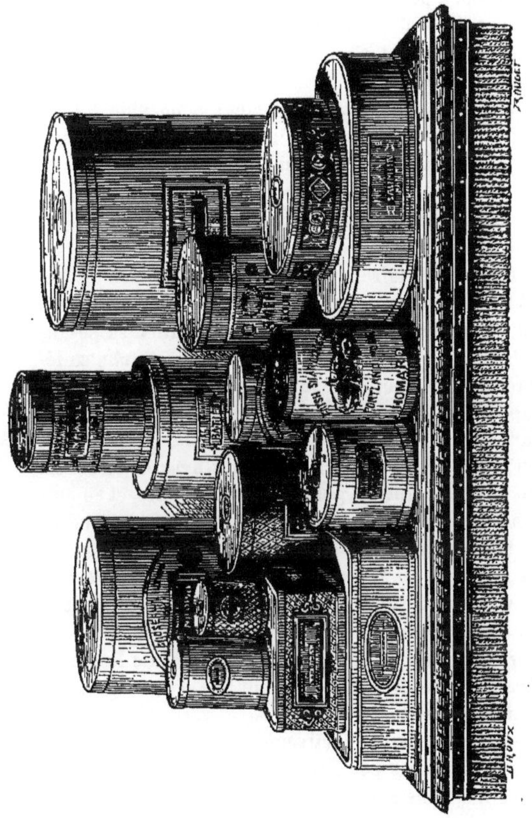

Conserves de viandes et de poissons.

seule, à l'agriculture, un revenu d'un milliard et demi!

Ainsi que le lait, l'œuf contient tous les principes nécessaires à la formation du sang, de la chair et des os, puisqu'il suffit à transformer le germe qu'il renferme en poussin; c'est donc un aliment d'ordre supérieur.

L'œuf frais est plein; l'œuf vieux a un vide à l'extrémité, parce que l'eau qu'il contient s'est évaporée par les pores de la coquille et a été remplacée par de l'air. Ce principe établi, savoir si un œuf date de la veille ou d'un mois n'offre aucune difficulté.

Une expérience infaillible pour connaitre l'âge d'un œuf consiste à faire dissoudre 125 grammes de sel dans un litre d'eau, et à plonger dans cette eau salée l'œuf qu'on veut *essayer*. Si celui-ci est frais, sa pesanteur le précipitera au fond du vase; s'il est *mûr*, sa légéreté relative, qui sera la conséquence du vide et de l'évaporation ci-dessus mentionnés, le maintiendra à flot.

On conserve les œufs en obstruant avec de la chaux ou un autre enduit les pores de leur coquille, et en empêchant, par ce procédé élémentaire, l'air de prendre, dans leur enceinte, la place de l'eau.

La poularde du Mans est universellement appréciée.

Le pigeon, le canard, sont sans rivaux, — aux petits pois; l'oie grasse est une des friandises du peuple.

Horace nous apprend que les gourmets de Rome ne trouvaient rien de meilleur qu'un foie d'oie engraissée avec des figues.

Le foie d'oie est, effectivement, un mets de choix; on en fabrique des pâtés renommés en Alsace.

L'oie n'est pas aussi stupide qu'on se plaît à le proclamer; c'est, au contraire, une commère intelligente et susceptible de s'attacher à ceux qui la soignent.

La cane et les canetons.

La perdrix rouge.

Les historiens latins affirment qu'elle a sauvé le Capitole; mais rien n'est moins avéré. D'ailleurs, avoir sauvé le Capitole est de peu d'importance dans la grave question de la table.

Le faisan, le coq de bruyère, la gelinotte, la pintade, le paon, la bécasse, la perdrix rouge ou grise, et quantité d'oiseaux sauvages, prennent place, comme viande de luxe, à côté des oiseaux de basse-cour.

Les passereaux contribuent aussi à enrichir notre menu, en dépit des ordonnances prescrivant de respecter ces actifs gardes-champêtres qui, pour une cerise becquetée, détruisent mille insectes. Le gobe-mouches, la grive, le merle, le loriot, la bergeronnette, le roitelet, le rouge-gorge (l'oiseau du bon Dieu des Bretons), la fauvette, le rossignol, l'engoulevent, l'étourneau, le gros-bec, le bouvreuil, le moineau franc, la linotte, le pinson, l'ortolan, la mésange si sociable, l'alouette si gaie, et jusqu'à l'hirondelle, considérée comme le porte-bonheur du foyer, sont impitoyablement rôtis, bardés de lard. L'homme n'est pas tendre pour ce qui l'entoure.

L'hirondelle la plus appréciée au point de vue culinaire, non pour sa chair mais pour son nid, est la salangane, qui vit dans l'extrême Orient. Ce nid, dont les fucus, plantes marines communes dans les îles de la Sonde, sont la base, donne un goût fin et des qualités toniques au bouillon de poule ou de mouton. Les Chinois en sont si friands qu'ils en achètent toutes les années, aux Indiens, pour une quinzaine de millions de francs.

On a fait d'intéressantes observations sur la façon dont le nid de la salangane est construit; nous les résumerons ici : Lorsque l'oiseau veut nidifier, il s'empiffre de fucus qui s'élaborent dans son estomac et qu'il dégorge digérés pour en former son habitation; alors, appliquant, du bout de la langue, contre le point du rocher qu'il a adopté, sa salive visqueuse et filante, et répétant ce manège vingt fois, trente fois, en portant alternativement sa tête à droite et à gauche, il trace, en lignes stratifiées, une poche semi-circulaire qui devient sa maison et dont les parois se sèchent et se solidifient avec une rapidité surprenante.

Le nid comestible de la salangane n'est qu'une sé-
crétion salivaire, un mélange albumineux et gélatineux

Nids de salanganes.

rappelant la colle forte, et qui ne serait guère appétissant
si les amateurs de bonne chère ne l'avaient mis à la mode.

IV

La *viande maigre*. — Le poisson. — La pisciculture. — Les murènes des
Romains. — Les pêcheries de Comacchio. — Conservation du poisson.

Abondance du poisson. — Crustacés et mollusques. — La grenouille. — Ses qualités culinaires. — Les tortues. — Tortues de terre et de mer. — La tortue franche. — La chair de la tortue. — Les serpents.

L'usage de la *viande maigre,* du poisson, est incontestablement primitif; la viande maigre fut tout d'abord la ressource des peuplades maritimes, et, encore à présent, des millions d'individus ne vivent que de poisson.

Au point de vue de l'alimentation, le poisson se divise en deux grandes catégories : le poisson d'eau douce et le poisson de mer.

Les goujons, les ablettes, les truites, les carpes, les tanches, les anguilles, les gardons, les brochets, les perches, les barbeaux, sont, dans nos régions, les poissons d'eau douce les plus goûtés; les harengs, les maquereaux, les merlans, les raies, les sardines, les saumons, les morues, les thons, les esturgeons, les turbots, les barbues, les soles, sont les poissons de mer qu'on voit le plus communément au marché.

D'autres, plus dangereux et plus grands, tels que le dauphin, le jeune requin, la baleine, paraissent, avec les phoques, sur les tables privilégiées chez nombre de peuplades maritimes plus ou moins sauvages. La baleine est la passion des Kamtschatdales, qui boivent son huile avec délice, et découpent, dans ses flancs, des pot-au-feu et des filets qui ne sont nullement à mépriser. Voyez ce que nous en disons dans notre *Roman d'un baleinier.*

Les propriétés nutritives de la chair du poisson et, pour de nombreuses espèces, sa délicatesse, ont amené l'homme, tourmenté par le manque de denrées, à inventer la pisciculture.

Romain faisant jeter un esclave en pâture aux murènes.

La fécondation artificielle des poissons n'est pas une découverte moderne; il y a des milliers d'années que les Orientaux, que les Chinois, la connaissent.

Les Romains de la décadence dépensaient d'énormes sommes pour leurs viviers, spécialement pour ceux où ils entretenaient des murènes, poissons voraces rappelant le serpent pour la forme, auxquels de cruels Crésus jetaient en pâture des esclaves.

Les maremmes toscanes, les marais Pontins, les lagunes du Pô, les lacs du nord de l'Italie, surtout le lac de Garde à Peschiera, nom caractéristique, conservent soit des traces, soit des restes exploités de la pisciculture antique.

Les pêcheries des lagunes de Comacchio, qui occupent une immense étendue au nord de Ravenne, n'ont pas leurs pareilles dans le monde. Divisées en bassins, en canaux ingénieusement tracés et munis de vannes et d'écluses, alimentées par les eaux vives et fécondantes de l'Adriatique, à Magnavacca, les lagunes de Comacchio sont, comme on l'a justement dit, de véritables *champs* où l'on récolte le poisson.

En 1869, le lundi de la semaine sainte, nous vîmes prendre, dans les *valli* du sud, de la pointe du jour à midi, trente-deux mille kilogrammes de poisson. Et nos ciceroni nous assurèrent que ces merveilleux coups de filet n'avaient rien d'extraordinaire.

On sait qu'on fume, qu'on sale, qu'on sèche aussi bien le poisson que la viande.

Certains poissons conservés dans l'huile fournissent une agréable nourriture : témoin le thon et la sardine; certains autres, fumés ou séchés, le hareng et la morue, constituent les mets essentiels de carême.

La pêche et la préparation du poisson ont enrichi

divers peuples industrieux, notamment les Hollandais,
dont la ville principale, Amsterdam, est fondée sur des
têtes de harengs, selon un dicton des Pays-Bas.

L'alimentation a là deux admirables mines que rien
n'épuisera.

Quand une morue de première catégorie pond jusqu'à neuf cent mille œufs, quand une femelle de hareng
en pond près de quarante mille, les cétacés et autres
monstres marins ont beau en détruire, il en reste toujours pour l'homme.

Les harengs pullulent à tel point près des côtes de
l'Europe occidentale, depuis la Bretagne jusqu'à la Laponie, qu'ils entravent ou tout au moins gênent parfois
la petite navigation le long de ces côtes.

La nature présente à l'humanité d'immenses trésors;
mais l'humanité aime mieux passer le temps à se dé-
chirer, à se torturer, qu'à s'employer intelligemment à
profiter des biens qui lui sont offerts. Le monde pourrait être pour elle un paradis; elle en fait obstinément,
niaisement, méchamment, un enfer.

Les crustacés : écrevisses, homards, langoustes,
crabes, crevettes, etc., et beaucoup de mollusques,
donnent également de la *viande maigre*.

Nous avons encore à parler, — puis notre revue
sera finie, — d'une dernière viande, que la discipline
catholique considère comme *maigre*, de la viande de
reptiles, qui entre aussi, pour une grosse part, dans
l'alimentation.

Citons en première ligne les grenouilles et les tortues.

En Italie, où l'on a une répugnance prononcée pour
le lapin, la grenouille est très prisée.

A Rome, pendant le carême, on consomme des monceaux de batraciens écorchés, concurremment avec des

sèches, des pieuvres, que les pêcheurs napolitains apportent à Civita-Vecchia.

Ces deux chairs, que les Septentrionaux dédaignent,

sont, nous devons le reconnaître, exquises, frites, en-
tourées de pâte, dans de l'huile d'olive fine.

Les marais toscans et romains produisent des gre-

Les grenouilles.

nouilles vertes qu'on pêche en toute saison, excepté en
été, et qu'on vend à volonté.

C'est que tout est bon dans la grenouille, et que là
où elle est *considérée*, on ne mange pas seulement ses

cuisses, du bout des dents, comme en France : on la mange entière, sauf les intestins. On se garde même de jeter sa peau, avec laquelle on fait du bouillon gélatineux pour les malades et les gens faibles de poitrine.

N'était sa fâcheuse ressemblance avec le crapaud, la grenouille serait probablement recherchée partout.

Au temps de la féodalité, les seigneurs obligeaient les paysans à battre, la nuit, les fossés et les étangs voisins du château, pour empêcher les grenouilles de troubler leur repos.

Les grenouilles sont, en réalité, désagréables pour leurs coassements nocturnes; mais elles sont si bonnes frites ou à la poulette, qu'on leur pardonne leur prétention obstinée à l'harmonie.

Les tortues apportent aussi leur appoint à la nourriture de l'homme.

Tortues de marais, tortues de fleuve, tortues de mer, font du bon bouillon ou du bon rôti.

La tortue a une chair saine et nutritive, sa graisse est délicate et ses œufs ont une saveur agréable.

Quant à sa carapace, elle sert à obtenir ce que nous appelons l'*écaille*.

En Chine, on élève les tortues comme on élève les poissons.

Les plus petites tortues sont les tortues de terre; les plus grosses sont les tortues de mer.

On a capturé, dans l'océan Atlantique et dans l'océan Pacifique, des tortues franches de 460 kilos, le poids d'un gros bœuf.

Au témoignage de Pline, les habitants du littoral de la mer Rouge se nourrissaient presque exclusivement de tortues franches. Des milliers d'indigènes, dans les régions tropicales, sont encore dans ce cas; c'est d'autant moins surprenant que la tortue franche', avec la-

Les crocodiles.

quelle les Anglais font leur fameuse *soupe à la tortue*, a la chair tendre et la graisse fine.

Si l'alimentation ne s'adressait qu'aux batraciens et aux chéloniens, les gens difficiles seraient mal venus à se plaindre; mais elle va chercher les sauriens et les ophidiens, c'est-à-dire les véritables reptiles, et cela répugne à bien des esprits et à bien des estomacs.

Non seulement les Asiatiques, les Africains, les Américains, les Océaniens, dévorent à belles dents les orvets, les lézards, les iguanes, les geckos, les crocodiles; mais ils mangent les ophidiens, les serpents, dont l'aspect répugne ou terrifie, les boas et les couleuvres.

Le retour de la pêche.

Quoiqu'on appelle vulgairement, chez nous, ces dernières « anguilles de haie », nous devons à la vérité de reconnaître qu'elles figurent rarement sur nos tables. Dans la consommation de la chair des reptiles, les Français ne vont point au delà des grenouilles et des tortues.

V

Travaux de la boucherie. — L'abatage. — L'abatage israélite. — Le travail
de l'étal. — Anciennes tueries. — Les abattoirs de la Villette. — Les
Cabochiens. — Corporation des bouchers. — Réception d'un maître
boucher. — Les bouchers et les charcutiers. — Le vendredi saint. — Le
bœuf gras. — Un vieux proverbe. — Paris-Gargantua.

Les opérations de la boucherie sont, d'une part, le
travail de l'abattoir; de l'autre, le travail de l'étal.

Le travail de l'abattoir consiste à abattre les bêtes,
à les écorcher, les échauder, leur enlever la tête, les
tripes, les pattes, toutes les issues qui constituent le
commerce de la triperie, et à les livrer aux bouchers
prêtes à être détaillées.

D'ordinaire, on assomme à coups de merlin le bœuf,
le taureau, la vache, après quoi on les saigne; on
égorge le veau, le mouton, le porc.

Cependant, les bœufs destinés aux israélites sont
invariablement égorgés : l'animal, attaché à l'anneau
d'abatage, est tiré, le poitrail découvert, devant le sa-
crificateur, qui lui coupe la gorge avec un grand coute-
las. Le sang s'écoule jusqu'à la dernière goutte, et la
viande reste plus blanche que celle de l'animal assommé.

Ce procédé a l'inconvénient de prolonger au delà
d'un quart d'heure l'agonie de la bête.

La prescription du Lévitique : « Vous ne mangerez
d'aucun sang », qui a perpétué cette tuerie chez les
israélites, était, ainsi qu'on l'a fait observer, tout hy-

giénique, et n'a de raison d'être que dans les pays chauds, où les matières animales se décomposent rapidement, où le sang putréfié devient un dangereux toxique ; toutefois, certains juifs y tiennent et n'achètent que de la viande timbrée par le délégué de la synagogue.

Le travail de l'étal consiste à dépecer l'animal par catégories, pour le vendre en détail, au goût du client.

Jadis, en France, chaque boucher pouvait avoir sa tuerie particulière, tuer dans sa boucherie les animaux qu'il débitait ; mais cette faculté étant une cause permanente d'accidents et d'insalubrité, en raison du passage des bêtes et de la putréfaction des abats, des débris, la construction d'abattoirs publics devint obligatoire pour les communes importantes. (Décrets impériaux de 1810 et de 1811.)

Depuis vingt ans, on s'efforce de reléguer à l'extrémité des villes ces établissements, et c'est par suite de cette tendance persistante que Paris possède à présent, à la Villette, contre les fortifications, un marché de bestiaux et des abattoirs généraux qui ont remplacé, en 1867, la halle aux veaux que le boulevard Saint-Germain a traversée, les abattoirs de l'avenue Trudaine, du Roule, de Ménilmontant et autres.

Le marché aux bestiaux et les abattoirs de la Villette occupent une superficie de 45 hectares.

Pour donner une idée de leur ampleur, il suffira de dire que les pavillons des marchés peuvent contenir : l'un, 4 600 bœufs ; l'autre, 22 000 moutons ; le troisième, 7 000 porcs et 4 000 veaux.

Les dépendances des deux divisions de cette *ville* de la boucherie sont en proportion.

Un millier d'ouvriers travaillent quotidiennement

dans les diverses parties des abattoirs, dont l'étendue
dépasse celle des marchés. L'aspect de ces hommes
aux manches retroussées, aux vêtements pleins de
sang, à la face rouge, produit sur les visiteurs une sinistre impression.

La corporation des bouchers fut puissante et redou-
table; en Angleterre, dans les Pays-Bas, en France,
elle se mêla fréquemment aux luttes politiques.

Les Cabochiens sont fameux dans nos annales.

Durant la période la plus triste de notre histoire, au
moment où la démence de Charles VI livrait le royaume
à l'anarchie et à l'étranger, de 1410 à 1415, à la bataille d'Azincourt gagnée par Henri V, roi d'Angleterre,
contre nos troupes commandées par le connétable d'Al-
bret, les deux factions des Armagnacs et des Bourguignons se disputèrent Paris et commirent tour à tour,
dans la malheureuse capitale, les plus horribles crimes.
Les Bourguignons, qui eurent généralement l'avantage
dans cette lutte atroce, furent soutenus par la riche et
puissante corporation des bouchers, dont l'influence
despotique s'étendait des halles à tous les quartiers de
la cité. Accaparée par une vingtaine de familles, la
boucherie fournit aux Bourguignons une armée de valets d'abattoirs, d'étaliers, d'élèves chirurgiens vétéri-
naires, d'équarrisseurs, qui, habitués à tremper leurs
mains dans le sang des animaux, se livrèrent ardem-
ment au métier d'égorgeurs politiques. Un assommeur
de bœufs dans la boucherie de l'Hôtel-Dieu, nommé
Caboche, le bourreau Capeluche et maître Jean de
Troyes, chirurgien, habile parleur, furent les chefs de
file de la tourbe. Un individu quelconque déplaisait-il
aux Cabochiens, ou ses richesses tentaient-elles leur
cupidité, aussitôt, le cri : C'est un Armagnac! retentis-

Les Cabochiens à l'hôtel Saint-Pol.

sait, et l'infortuné était tué et dévalisé. Un jour, la san-
guinaire bande se rendit à l'hôtel Saint-Pol, s'y condui-
sit avec férocité, et y dicta ses volontés au Dauphin.
Une réaction en faveur des Armagnacs, qui malheureusement ne valaient pas mieux que leurs adversaires,
écrasa les Cabochiens ; mais le souvenir des vols et
des assassinats perpétrés au nom des Bourguignons ne
s'effaça que longtemps après, et rendit difficile, pendant des années, à Paris, la profession de boucher.

La corporation des bouchers avait pour chef un
maître boucher, qu'elle élisait. Ce chef exerçait un
droit de juridiction sur ses confrères, et ne pouvait
être destitué qu'en cas de prévarication. La corporation lui adjoignait un syndic et un procureur. Seul le
prévôt de Paris avait qualité pour prononcer sur ses
arrêts, en cas d'appel. D'après une ordonnance de
Charles VI, longtemps conservée, tout boucher reçu
maître à Paris devait donner un *aboivrement* et un
past : un goûter et un dîner.

Dans l'aboivrement, le récipiendaire était obligé de
présenter au chef de la corporation un cierge d'une
livre et demie et un gâteau pétri aux œufs ; d'offrir à
la femme du syndic quatre pièces à choisir dans chaque
plat ; au prévôt de Paris, un setier de vin et quatre gâteaux ; au voyer de Paris, au prévôt du For-l'Évêque,
au cellerier et concierge du Parlement, chacun deux gâteaux et un demi-setier de vin. Dans le past, il devait:
au *maître boucher* un cierge d'une livre, une bougie
roulée, deux pains, un demi-chapon, et trente livres et
demie de viande ; à la femme du maître, douze pains,
deux setiers de vin, quatre gâteaux, un chapon, et
trente livres et demie de viande, tant en porc qu'en
bœuf. Pendant ces distributions, des ménétriers, aux-

quels ceux à qui les cadeaux étaient faits remettaient un petit pourboire, jouaient dans la salle du banquet.

Aujourd'hui que la boucherie est libre, sauf les rè-glements de police, les bouchers ne se distinguent des autres artisans et marchands par aucune bizarrerie, et, ce qui est mieux, par aucun excès.

Les bouchers avaient accaparé la vente de la viande de porc, qui, pendant des siècles, fut plus avantageuse que celle de la viande de bœuf; à partir de 1475, ils partagèrent ce privilège avec les charcutiers organisés en corporation.

Les charcutiers eurent le monopole du débit du porc cuit, avec faculté de remplacer cette chair, en carême, par des harengs salés et du poisson de mer.

Des lettres patentes de 1705 leur assurèrent la vente exclusive du porc frais et des saucisses.

Le vendredi saint est, dans tous les pays catholiques, la grande fête chômée des bouchers et des charcu-tiers. A Rome, à Naples, à Bologne, en Espagne, ce jour-là, les boucheries et les charcuteries sont fleuries, enrubannées, illuminées, parées magnifiquement, mais fermées aux clients. On sort pour aller les voir.

A Paris, la fameuse foire aux jambons, à laquelle succède la foire au pain d'épice, attire la foule.

Est-il nécessaire de parler du cortège du *Bœuf gras*, dont les bouchers étaient si fiers? Non, car quel est le lecteur qui ne connaît cette mascarade, morte avec le carnaval?

> Voicy de bonne viande,
> Il n'en a pas qui en demande,

dit un vieux proverbe d'un singulier comique, qui atteste que la viande a toujours été chère. Espérons qu'un temps viendra où, grâce à l'établissement définitif de la paix, aux progrès de l'agriculture et à l'achèvement du réseau des voies de communications entre les différents peuples de la terre, les plus pauvres pourront s'écrier, en montrant leur table copieusement garnie :

> Voici de bonne viande,
> En peut avoir qui en demande.

Quelques chiffres pour finir :

Paris, qui aura bientôt, avec sa population flottante, trois millions d'habitants, mange annuellement, maintenant, près de trois cent mille bœufs, vaches ou taureaux (¹); deux cent mille veaux, deux millions de moutons, trois cent mille porcs, vingt millions de pièces de volaille ou de gibier, sur lesquelles huit millions de poulets, de poules ou de poulardes; quatre millions de lapins, trois millions de pigeons, un million de canards, un million d'oies ou de dindes, deux ou trois millions de perdreaux, de cailles ou d'alouettes, treize mille cerfs ou chevreuils, quelques ours, un millier de sangliers; plus cinquante millions d'huîtres, cinquante millions de kilogrammes de poisson, cent cinquante millions de litres de lait, trois cent millions d'œufs, treize millions de kilogrammes de fromage, une montagne de légumes, et... mais nous nous arrêtons,

(¹) Le poids des bœufs ordinaires varie, en France, entre 350 et 400 kil.; quand on a retiré de l'animal la peau, les cornes, la graisse, qui sert à la fabrication de la chandelle, le sang, qu'on utilise comme engrais et dont l'industrie tire également parti, ce poids est diminué de 40 à 45 0/0. En réalité, un bœuf de 400 kilog. sur pied ne donne que 230 à 240 kilog. de viande, y compris la réjouissance.

de peur d'indigestion. Pour faire couler tout cela, il boit
une dizaine de millions d'hectolitres de vin, bière, cidre
et autres boissons, c'est-à-dire une quantité de liquide
suffisante pour porter une flottille.

LE LAIT

Il manquerait à l'étude qu'on vient de lire une de ses parties essentielles si nous négligions de parler du lait, qui occupe, à côté de la viande, une place si importante.

Le lait est un aliment presque parfait, possédant toutes les substances nécessaires à la formation du sang et des os et à la nutrition du corps, convenant à tous les tempéraments, que produisent toutes les femelles des mammifères, et qui a une saveur analogue chez toutes. Ainsi, le lait de la baleine rappelle sensiblement celui de la vache.

L'homme en a bu dès ses premiers pas sur la terre, l'enfant ne digérant point d'autre substance pendant une année, et depuis que l'agriculture existe, il en tire une des plus saines et des plus fortifiantes portions de sa nourriture.

On peut boire, on peut utiliser le lait de tous les mammifères; mais nous n'appliquons à nos besoins que le lait des animaux domestiques herbivores, de la chèvre, de la brebis, de l'ânesse et de la vache.

La vache normande.

La vache est la grande laitière; cependant, elle n'est pas uniformément laitière. Certaines races ne donnent que deux litres de lait par jour; d'autres, quatre à six litres; quelques-unes, les races françaises, vont jusqu'à dix-huit litres; les races suisses et hollandaises dépassent dix-neuf litres; les bonnes vaches normandes, vingt-cinq litres; et l'on prétend que dans l'Ukraine, vaste plaine exceptionnellement fertile arrosée par le Dnieper, les vaches bien traitées en fournissent trente-cinq à quarante litres.

Prenant un terme moyen, nous dirons que chaque bête donne quinze litres de lait par jour. Or, comme nous avons, en France, sept millions de vaches, si l'on admet qu'il en existe dix fois autant en Europe, on obtient un total de soixante et dix millions de bêtes produisant quotidiennement un milliard cinquante millions de litres de lait, trois litres et demi par habitant, la population de la première partie du monde étant, en chiffre rond, de trois cent millions d'individus.

Cette mer de lait, à laquelle il convient d'ajouter une centaine de millions de litres de lait de chèvre, de brebis et d'ânesse, n'est pas bue, tant s'en faut; il en reste une partie qui serait perdue si on ne la transformait en beurre ou en fromage.

On en fait encore du lait concentré, facile à transporter et à conserver, et qui a apporté un réel soulagement aux marins.

Le lait concentré est dû à l'industrie contemporaine; quant au beurre et au fromage, leur antiquité est trop avérée pour que nous la démontrions.

Le beurre s'obtient de la façon la plus simple. Lorsque le lait est abandonné au repos, dans un endroit frais, au bout de quelques heures il se sépare en deux couches : une couche inférieure d'un blanc bleuâtre qu'on nomme *lait écrémé*, et une couche supérieure

Barattage du beurre.

jaunâtre et grasse, qui est la *crème*. Enlevez cette crème flottante, battez-la dans une baratte, sorte de baril dans lequel passe un bâton terminé à son extrémité inférieure par une rondelle percée de trous à peu près comme une écumoire, et vous'avez le beurre, sauf la petite opération du *délaitage*.

Le lait de tous les mammifères contient] du beurre, mais c'est la vache qui fournit le beurre le plus savoureux, surtout'quand elle est tenue proprement et qu'à sa provende on mêle de la luzerne fraîche, des navets, des betteraves ou des carottes.

On conserve le beurre en le renfermant dans des pots de grès et en le préservant du contact de l'air, ou en le salant, ou en le fondant.

Le meilleur beurre est celui qu'on fait pendant que la vache est au pâturage, et les beurres de France les plus estimés sont ceux de Normandie, de Bretagne, d'Auvergne, de Picardie et d'Artois. Les beurres d'Isigny, dans le département du Calvados, et de la Prévalaye, près de Rennes, ont une esculence notoire.

On trouve également des beurres renommés en Belgique, en Angleterre, en Hollande, en Allemagne et en Russie. Pour les pays méridionaux, ils en fabriquent peu.

En Italie, en Espagne, en Grèce, où la cuisine est faite au saindoux et à l'huile'd'olive, on a de l'aversion pour le beurre, qui n'a presque jamais l'avantage d'être mis sur la nappe; en Belgique et en'Hollande, au contraire, on'ne s'expliquerait point un repas sans beurre, et, soit le matin, soit le soir, soit à déjeuner, à dîner, à goûter ou à souper, quand on mange un chanteau de pain, il faut qu'il soit beurré.

A'ce sujet, disons que la nature a parfois d'admirables caprices. Ainsi, l'Amérique a l'arbre *à la vache*, qui, au moyen d'une incision'pratiquée à la base de son stipe, laisse écouler un liquide semblable au lait, dont les propriétés sont les mêmes que celles du lait de la vache, et avec lequel il est possible de fabriquer du beurre et du fromage; et l'Afrique possède l'*arbre à beurre de Shéa*, qui fournit de beurre les marchés de Guinée! Ô terre! que ne peut-on te demander?

Le fromage est commun partout où les pâturages sont plantureux et les bestiaux nombreux, partout où le lait surabonde.

Les fromages se divisent en fromages frais, dont le neufchâtel est le type, et qui ne peuvent être conservés que trois ou quatre jours, et en fromages salés.

Les espèces de ces derniers varient à l'infini. Les plus

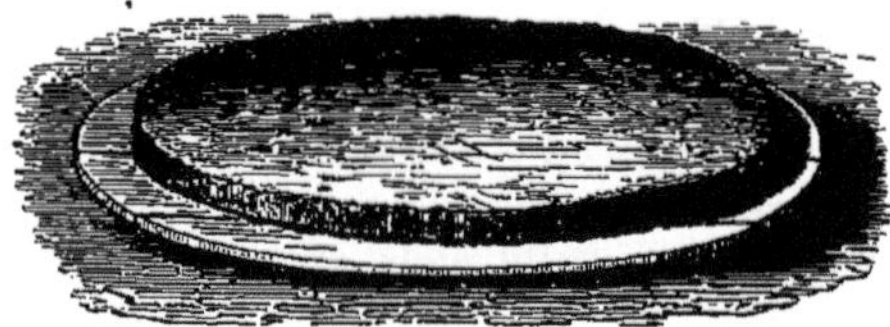

Le fromage de Brie.

connus sont : dans les Pays-Bas, le hollande, qu'on pétrit en forme de boule; en Angleterre, le chester; en Italie, le parmesan, qui, râpé, relève si agréablement les pâtes; en Suisse, le gruyère; en France, le brie, que les plénipotentiaires du congrès de Vienne en 1815, réunis à la table de M. de Metternich, proclamèrent le roi des fromages; le marolles, le géromé, le camembert, le livarot, le pont-l'évêque, le roquefort, etc.

Notons encore, pour mémoire, les fromages de charcuterie, dits de cochon et d'Italie, le premier n'ayant rien du fromage, le second, hachis de foie de porc, de panne et de lard, n'ayant rien d'italien.

Les fromageries les plus curieuses de France sont celles de Roquefort, dans le département de l'Aveyron.

Roquefort est un bourg agreste d'un millier d'habitants, qui doit sa réputation et sa fortune, car il s'y fait annuellement pour une quinzaine de millions d'affaires, au fromage qu'on y fabrique. Préparé avec du lait de chèvre et du lait de brebis, le roquefort acquiert ses qualités dans les caves de la montagne qui domine la contrée. Vingt-trois de ces caves sont des grottes naturelles, onze autres ont été creusées. Il y règne une température et des courants d'air frais favorables à la fermentation et à la parfaite maturité des pains de fromage, qui y sont rangés de champ, par milliers, sur des tablettes couvertes de paille.

Un dessert sans fromage est une belle à qui il manque un œil, a écrit Brillat-Savarin; mais ce n'est pas seulement sur les tables bien servies que le fromage est bon, car le pauvre n'a souvent aucune autre pitance à manger avec son pain.

Fromage, poire et pain, repas de vilain, dit un proverbe.

On consomme annuellement en France cent trente à cent quarante millions de kilogrammes de fromages *faits,* sans parler des fromages *frais,* ce qui donne une moyenne d'environ quatre kilogrammes par habitant.

La fromagerie est très ancienne; toutefois elle ne remonte pas au delà de l'époque où la civilisation apparut aux hommes, car elle dérive de l'agriculture, et l'agriculture n'existe que chez les peuples sortis de l'enfance.

Les fromages ont des ennemis implacables : les insectes. Gras, demi-gras ou maigres, sont attaqués avec un acharnement dont le brie et le roquefort offrent de fréquents exemples; et malheur à eux s'ils ne sont pas

Vue de Roquefort.

secourus à temps : il faut les jeter au fumier. On les
préserve des atteintes des mouches et autres parasites
en les couvrant de poudre d'os de boucherie calcinés,
ou de poussier de charbon, ou de cendre de bois de
chêne, ou en les mangeant lorsqu'ils sont suffisamment
affinés.

LES LÉGUMES

LES LÉGUMINEUSES.

« Des choux, des poireaux, des carottes! Navets, navets! La tendresse, la verduresse! Des pommes de terre au boisseau!... » Ces cris de Paris reviennent à notre pensée au moment où nous commençons cette étude sans prétention de nos légumes, de ceux qui s'étalent dans nos marchés et dont notre cuisine se passerait difficilement.

On peut diviser en cinq sections les légumes acclimatés et accommodés à toutes sauces par ce tyran qui s'appelle l'art culinaire : 1º les légumineuses : fèves, haricots, pois, lentilles; 2º les plantes à racines : pommes de terre, betteraves, carottes, raves, navets, panais, radis, etc.; 3º les légumes herbacés : les salades, l'oseille, le cardon, l'artichaut, le chou, l'asperge; 4º les légumes aromatiques : oignon, ail, poireau, etc.; 5º les plantes potagères de la famille des cucurbitacées : melons, concombres et autres.

Les légumes à racines et herbacés doivent être les premiers que l'homme a mangés ; mais ceux qui, par la suite, ont contribué à sa nourriture dans la plus large mesure, appartiennent aux légumineuses ; c'est pourquoi nous donnons le numéro un à cette famille substantielle.

Presque toutes les légumineuses étaient cultivées en Orient aux temps pharaoniques et bibliques, de la mer Caspienne à la mer Rouge, immense et plantureux espace que nous appellerions volontiers le potager et le verger de l'Europe, car c'est de là que nous viennent les trois quarts de nos légumes et de nos fruits.

La *fève* est, on le croit, originaire de la Perse ; comme tous les végétaux de cette contrée, elle réussit dans les climats tempérés.

Ses nombreuses variétés sont ramenées à deux catégories primordiales : la *fève de marais,* qui sert de nourriture à l'homme, et la *féverole* ou *gourgane,* qu'on donne aux chevaux et aux bestiaux.

La fève de marais, très commune en Italie et en France, est un légume succulent quand il est frais, et d'un goût agréable quand il est réduit en farine.

La fève a joué un grand rôle dans l'approvisionnement des armées romaines, sous la République, et probablement doit-on voir un signe de sa vieille importance dans les *gâteaux à fève.*

Ces gâteaux, qu'on trouve sur les tables de famille le jour de l'Épiphanie, datent de loin. Au moyen âge, on en faisait à l'occasion de tout événement heureux : naissance, baptême, relevailles, accordailles ; mais il semble que leur origine soit païenne, quoiqu'ils portent

communément le nom de *gâteaux des Rois* (Rois
mages).

Pasquier rapporte, dans ses *Recherches de la France*,

la façon dont on se partageait le gâteau *à fève* ou *des Rois*.

« Le gâteau, dit-il, coupé en autant de parts qu'il y a de conviés, on met un petit enfant sous la table, lequel le maître interroge sous le nom de *Phebe* (Phœbus ou Apollon, comme si ce fût un qui, en l'innocence de son âge, représentât un oracle d'Apollon). A cet interrogatoire, l'enfant répond d'un mot latin *Domine* (Seigneur, Maître). Sur cela, le maître l'adjure de dire à qui il distribuera la portion du gâteau qu'il tient en sa main ; l'enfant le nomme ainsi qu'il tombe en sa pensée, sans acception de la dignité des personnes, jusqu'à ce que la part soit donnée où est la fève ; celui qui l'a est réputé roi de la compagnie, encore qu'il soit moindre en autorité. Et ce fait, chacun se déborde à boire, manger et danser.

» Qu'il n'y ait en ceci beaucoup de l'ancien paganisme, je n'en fais doute.

» Ce que nous représentons ce jour-là est la fête des Saturnales que l'on célébroit, à Rome, sur la fin du mois de décembre et au commencement de janvier.

» Tacite, au livre XIII de ses *Annales,* dit que dans les fêtes consacrées à Saturne on étoit dans l'usage de tirer au sort la royauté ; chose que l'on voit au doigt et à l'œil s'être transplantée chez nous. »

Les Romains semaient des fèves autour des tombes, et, le jour des funérailles, ils distribuaient aux pauvres des fèves rôties.

Aujourd'hui encore, l'un des mets de la Toussaint, à Rome, est le plat de fèves.

On mange aussi, pendant cette fête catholique, dans la ville éternelle, des gâteaux dits de fèves qui sont généralement des macarons à teinte brune ; on les

nomme *fave dei morti*, fèves des morts, et l'on en vend
sur les chemins des cimetières le 1er novembre.

Dans ses Mémoires, Mme de Motteville nous rappelle
que l'on réservait, dans le gâteau à fève, une part *du
bon Dieu* ou *de la Vierge* que l'on donnait aux pauvres.

« Pour divertir le roi, écrit-elle sous la date de 1648,
la reine voulut séparer un gâteau et nous fit l'honneur
de nous y faire prendre part avec le roi et elle. Nous la
fîmes la reine *de la fève,* parce que la fève s'était trouvée dans la part *de la Vierge.* Elle commanda qu'on
nous apportât une bouteille d'hypocras, dont nous
bûmes devant elle, et nous la forçâmes d'en boire un
peu. Nous voulûmes satisfaire aux extravagantes folies
de ce jour, et nous criâmes : *La reine boit!* »

On le voit, même au dix-septième siècle, on mangeait le gâteau *à fève* à tout propos.

Citons encore ce passage du *Mercure galant* relatif
au gâteau des Rois à la cour de Versailles, et résumé
par Legrand d'Aussy :

« La salle avait cinq tables : une pour les princes et
seigneurs, et quatre pour les dames. La première de
celles-ci était tenue par le roi, la seconde par le dauphin. *On tira la fève* à toutes les tables. Le grand
écuyer fut roi à la table des hommes; aux quatre tables des femmes, il y eut une reine. Alors le roi et la
reine se choisirent des ministres chacun dans leur petit
royaume, et nommèrent des ambassadeurs ou ambas-
sadrices pour aller féliciter les puissances voisines et
leur proposer des alliances et des traités. Louis XIV
accompagna l'ambassadrice députée par la reine. Il
porta la parole pour elle, et, après un compliment
gracieux au grand écuyer, il lui demanda sa protection, que celui-ci lui promit, en ajoutant que s'il n'avait

point une fortune faite, il méritait qu'on la lui fît. La
députation se rendit ensuite aux autres tables, et successivement les députés de celles-ci vinrent de même
à la table de Sa Majesté. Quelques-uns même d'entre
eux, hommes et femmes, mirent dans leurs discours
et dans leurs propositions d'alliance tant de finesse et
d'esprit, des allusions si heureuses, des plaisanteries
si adroites, que ce fut pour l'assemblée un véritable
divertissement. En un mot, le roi s'en amusa tellement,
qu'il voulut le recommencer encore *la semaine suivante*. Cette fois-ci, ce fut à lui qu'échut la fève du gâteau de sa table, et par lui en conséquence que commencèrent les compliments de félicitations. Il les reçut
avec cette noblesse affable qui lui était propre. Une
princesse, une de ses filles naturelles, connue dans
l'histoire de ce temps-là par quelques étourderies,
ayant envoyé lui demander sa protection pour tous les
événements fâcheux de sa vie : « Je la lui promets, ré-
» pondit-il, pourvu qu'elle ne se les attire pas. » Réponse
qui fit dire à un courtisan que ce roi-là ne parlait pas
en *roi de la fève*. A la table des hommes on fit un personnage de *Carnaval* qu'on promena par la salle en
chantant une chanson burlesque. »

Depuis plus de deux mille ans la fève est, dans l'Europe méridionale, une plante alimentaire préférée,
privilégiée au point de vue de la culture. Dans nos départements du Midi elle constitue, après le blé et le
maïs, la principale nourriture des habitants.

Le *pois* rend autant de services que la fève; son origine est la même. De toute antiquité il vient naturellement en Égypte, et depuis un temps immémorial on
le cultive avec succès en France, en Italie et dans les
contrées méridionales et centrales de l'Europe.

On peut également ramener ses variétés à deux espèces : le pois proprement dit ou *pois cultivé*, qui sert
à la nourriture de l'homme, et le *pois des champs* ou
commun, bisaille, pois gris, destiné à la nourriture
des animaux.

Le *pois cultivé*, qui fournit le pois gourmand, le
petit pois vert sucré, est un des meilleurs légumes; la
cuisine française, cette reine des cuisines, en fait des
merveilles.

La *lentille* semble indigène à l'Égypte; peut-être

La lentille.

vient-elle d'Asie. Quoi
qu'il en soit, sa cul-
ture en Europe a le
même âge que la cul-
ture de la fève et du
pois.

La lentille est sa-
voureuse et forti-
fiante.

Les Romains l'a-
vaient en grande es-
time.

Pline parle en
termes élogieux de la lentille d'Égypte, qu'il présente
comme bien supérieure à la lentille européenne.

Des navires chargés de ce légume arrivaient constamment d'Alexandrie à Ostie et à Rome, et nous
savons par le grand naturaliste latin que le transport
des obélisques d'Égypte servait, casuellement, au transport des lentilles égyptiennes en Italie

Ainsi, l'obélisque du Vatican, le plus grand des obélisques de la ville éternelle après celui du Latran, et
le seul parmi ceux de sa taille qui soit encore d'un

unique morceau, parce qu'il eut la fortune de ne pas être renversé au moyen âge, comme les autres, l'obélisque du Vatican fut enfoui sous la lentille, dans le navire construit pour le recevoir.

On versa, dans ce navire, deux millions huit cent quatre-vingt mille livres romaines de lentilles : quelque chose comme douze cents tonneaux !

Puisque nous parlons de l'antiquité, rappelons que les Romains de la République, les vrais Romains, avaient presque tous pris pour devise : *Ense et aratro,* Par l'épée et par la charrue, et que c'est peut-être à cause de cela qu'ils arrivèrent à conquérir le monde.

Cincinnatus, Caton l'ancien, s'occupaient de leurs champs, et, détail curieux, les plus illustres familles romaines doivent leurs noms aux légumes que leurs ancêtres ont cultivés avec succès.

Ainsi, les *Fabii* tirent leur nom des fèves, les *Lentuli* des lentilles, les *Pisoni* des pois, les *Ciceroni* des pois chiches, les *Valerii Lactucini* de la laitue, etc. Voilà l'origine de la première noblesse d'Europe ; il est intéressant de le noter. Voyez Nibby, article *Horti.*

On connaît plus de 72 variétés de *haricots ;* toutes réussissent en France ; quelques-unes sont sans égales dans la primeur, particulièrement le *flageolet,* le *haricot de Soissons,* le *mange-tout,* le *haricot vert.*

D'où vient le haricot ? De l'Amérique prétendent les uns, des Indes orientales affirment les autres. Disons des Indes et de l'Amérique pour mettre tout le monde d'accord.

On lui a élevé des autels dans les pays de l'Orient, où il est la nourriture commune, ce qui n'a rien de surprenant, car, nous apprend un voyageur, dans l'Inde, la femme adore le panier qui lui sert à porter

ses provisions, son moulin à riz et ses autres ustensiles
de ménage; le charpentier rend hommage à sa hache
et à sa scie, et leur offre des
sacrifices; le brahmine vénère
le stylet avec lequel il écrit,
le soldat les armes qu'il porte,
le maçon sa truelle, et le la-
boureur sa charrue.

Le haricot est donc un dieu
aux Indes orientales.

Chez nous, depuis tantôt
trois siècles et demi qu'on le
cultive, il n'a pas encore été
déifié. On le trouve probablement trop tapageur pour lui
accorder les honneurs divins.

Le haricot.

Parlant du haricot légume et du *haricot de mouton*,
ragoût fait avec du mouton coupé en morceaux, des
navets et autres condiments, M. Littré dit ceci :

« D'abord la question se présente de savoir si c'est
le *haricot* ragoût qui a donné son nom au *haricot* légume, ou *vice versâ*. Nos textes ne permettent que la
première alternative; du moins on trouve *haricot de
mouton* dès le quatorzième siècle; et nous n'avons de
haricot légume que des exemples récents. Le *haricot
de mouton* paraît être un terme de boucherie et dési-
gner un certain morceau; dès lors il est plausible de le
rattacher à l'ancien français *haligote,* pièce, morceau;
harigoter, mettre en pièces...

» Génin, ajoute M. Littré, Génin qui assure que *haricot* n'a commencé à être usité en ce sens que dans le
dix-septième siècle (on disait *fève* jusque-là, et encore
aujourd'hui on dit *fève blanche* en Normandie), pense

qu'il vient du *haricot de mouton*, le *haricot* légume
ayant été comparé aux morceaux de mouton qui figu-

.rent dans le *haricot de mouton*. On peut dire plutôt
que cette *fève* a été nommée *fève de haricot*, parce que

le plat fut comparé, à cause de ses grosses qualités, à
un *haricot de mouton*, ou parce qu'elle s'unissait très
bien avec le mouton, en *haricot* ou autrement. »

Du temps de la monarchie constitutionnelle et de
l'empire, il y eut, à Paris, une maison de détention
pour la garde nationale qu'on nommait *hôtel des Haricots*, à cause de l'ordinaire qu'y trouvaient les gardes
détenus qui n'avaient pas le moyen de se payer les
douceurs de la cuisine de la cantine.

Un jour, en 1856, M. Alexandre Dumas fils, qui appartenait à la milice citoyenne, reçut de son sergent-
major, vieille brisque d'une conviction farouche, un
billet ainsi conçu :

« Mon cher monsieur Dumas, depuis une éternité
vous ne montez pas votre garde; je vous avertis une
dernière fois : au nom de la France, faites votre service, car il me serait *péneux* et *douloureux* de vous livrer à la justice du conseil de guerre. »

A quoi M. Alexandre Dumas fils répondit : « Mon
cher sergent-major, je ferai mon service, croyez-le,
car il me serait *pénible* et *doulourible* d'aller à l'hôtel
des Haricots. »

Le haricot est une de nos richesses agricoles; et si
jamais légume a prouvé victorieusement les bienfaits
de l'acclimatation des plantes alimentaires, c'est assu-
rément celui-là chez nous.

LÉGUMES A RACINES

C'est encore à l'Orient que nous sommes redevables de nos légumes à racines de haut goût, par exemple du *radis*, ce piquant hors-d'œuvre.

On cultive, depuis une éternité, dans nos régions : les radis roses, les radis blancs, les radis violets, les radis noirs et leurs cousines germaines mesdames les raves, ainsi que leurs cousins messieurs les navets.

Les radis se mangent crus ou marinés dans du vinaigre; les raves servent plus à la nourriture des bestiaux qu'à celle de l'homme; les navets se marient très bien dans la casserole avec le canard ou autre animal.

Le radis.

On les recommande, en outre, aux personnes affectées d'irritations pulmonaires.

La rave forme, en Alsace, en Belgique, en Hollande,

en Angleterre, une des bases de la grande culture;
dans ces pays, la classe ouvrière en mange. En France,
les éleveurs la préfèrent à toutes les autres racines
fourragères, tant elle a de qualités pour l'engraissement des moutons et des bœufs.

La *carotte* paraît être indigène à l'Angleterre et à la
France; les hommes et les bestiaux, qui ont parfois
des goûts analogues, s'en délectent également.

Pour les chevaux, la carotte tient lieu d'avoine.
Donnée aux porcs, elle communique au lard une sa-

La rave.La carotte.

veur agréable; appliquée à l'alimentation des vaches,
elle produit un lait délicieux. Nos cuisiniers et nos
cuisinières en usent abondamment.

La carotte est depuis longtemps admise dans la
grande culture; depuis longtemps aussi elle a une
place dans la langue.

« Tirer une carotte à quelqu'un », c'est en obtenir
quelque chose par ruse. Quelle carotte! exclame-t-on
alors. Nous avons même le verbe *carotter,* qui est l'é-
quivalent de tromper, de tricher; puis le substantif

carotteur, carotteuse, qui tire une carotte; ou *carot-tier, carottière,* qui a l'habitude de carotter au jeu.

Dans les pays d'Europe où la carotte est, comme en France, un produit naturel du sol, on rencontre des expressions identiques. Il y a des légumes fortunés.

La *betterave,* que bien des paysans nomment ca-rotte, est originaire d'Espagne et d'Italie; on la trouve dans nos provinces où le terrain lui est favorable, à par-tir du seizième siècle. « Une espèce de pastenades est la *bette-rave,* laquelle nous est venue d'Italie n'a pas longtemps, dit O. de Serres. C'est une racine fort rouge, assez grosse, dont les feuilles sont des bettes, et tout cela bon à manger, appareillé en cuisine : voire la racine est rangée entre les viandes délicates, dont le jus qu'elle rend en cuisant, semblable à un sirop au sucre, est très beau à voir par sa vermeille cou-leur. »

La betterave n'est qu'une variété, mais infiniment riche, de la *bette* (*beta vulgaris*), dont la feuille sert d'aliment et de remède. « En croissant de la lune est semée la poirée (1ᵉ catégorie de la bette, ajoute O. de Serres), bette blette, ou réparée, estant le fueillage tout son rapport; il y a de trois couleurs de bettes : de blanches, de vertes et de rouges... L'on cueille les blettes en les tordans, non en les arrachans, afin de leur faire rejetter une nouvelle viande. »

Longtemps confinée dans les jardins, la betterave fut enfin, au dix-huitième siècle, cultivée en pleins champs, pour le bétail. Ce n'est qu'au commencement du premier empire que l'industrie sucrière s'en empara. Aujourd'hui, la betterave donne annuellement des mil-lions de kilogrammes de sucre égal au sucre de canne, et des millions d'hectolitres d'alcool.

La betterave, employée pour la fabrication du sucre.

La présence du sucre dans la betterave, signalée
sous Henri IV par Olivier de Serres, laissa impassible,
tout d'abord, le monde savant. Reprises à Berlin en
1747, les expériences de l'agronome français donnè-
rent, en 1799, grâce au chimiste berlinois Achard (un
descendant des fugitifs de l'édit de Nantes) des résultats
concluants.

Le blocus continental et la guerre avec l'Angleterre,
qui avaient fait monter, sur le continent, le prix du
sucre à 6 francs la livre, poussèrent les chimistes et
les industriels à tirer parti du sucre de betterave. Des
essais persévérants furent tentés par Benjamin Delessert, dans l'usine que cet homme remarquable possédait à Passy, et ils réussirent, à la joie de l'empereur,
car l'annexion d'un royaume eût été à cent piques au-
dessous de ces succès industriels.

L'on ne se figure plus aujourd'hui l'intérêt pas-
sionné qui s'attachait alors à ces grands travaux. Le
2 janvier de l'année 1812, B. Delessert annonce son
succès à Chaptal. Celui-ci en parle aussitôt à l'empereur. Napoléon, ravi, s'écrie : « Il faut aller voir cela,
» partons. » Et, en effet, il part. Delessert n'a que le
temps de courir à Passy, et quand il arrive, il trouve
déjà la porte de son usine ouverte par les chasseurs
de la garde impériale, qui lui ferment le passage. Il se
fait connaître, il entre. L'empereur avait tout vu, tout
admiré, il était entouré des ouvriers de la fabrique,
fiers de cette grande visite ; l'émotion était à son com-
ble. L'empereur s'approche de Delessert, et, détachant
la croix d'honneur qu'il portait sur la poitrine, il la
lui remet. Le lendemain, le *Moniteur* annonçait qu'une
grande révolution dans le commerce français était
consommée. L'empereur avait raison, la science ve-

Champ de betteraves.

naît de créer une richesse nouvelle et qui s'est trouvée immense (¹).

Tellement immense, que nos usines produisent annuellement, maintenant, plus de 400 millions de kilogrammes de sucre de betterave.

On sème la betterave du 10 au 20 avril, au semoir et à la main, on lui donne deux ou trois binages pour la débarrasser des herbes qui se pressent en foule autour d'elle, et on l'arrache vers la fin d'octobre.

Le *panais* croît dans toute l'Europe ; c'est un légume sucré, nourrissant, ami du pot-au-feu. Le *salsifis* blanc ou noir est entré en plein dans l'alimentation.

Citons encore le *topinambour*, qui a

Le panais.

la saveur des fonds d'artichauts ; les racines des orchis avec lesquelles on fait la semoule, appelée salep ; la *patate* et l'*igname*, d'où l'on extrait l'*arrow-root* (prononcez *a-rô-roût*), qui sert, comme le tapioca, à préparer des potages pour les enfants, les vieillards et les convalescents ; enfin la morelle tubéreuse, *Solanum tuberosum*, ou la *pomme de terre*, le premier des légumes féculents à rameaux souterrains.

La pomme de terre est originaire du Pérou et du Chili. Importée en Irlande en 1565, elle passa de là en Angleterre, puis sur le continent. En 1638, elle avait pris possession de l'Allemagne. Le naturaliste Parmentier s'employa énergiquement à en répandre chez nous la culture, et ses efforts ne furent pas vains. En 1793,

(¹) Flourens, Éloge de Benjamin Delessert.

La pomme de terre.

nous ne comptions que 35 000 hectares affectés aux
pommes de terre ; nous en comptons aujourd'hui un
million produisant annuellement 400 à 500 millions
d'hectolitres. Une progression identique a été constatée
dans les autres parties de l'Europe et du globe : en
Égypte, en Chine, aux États-Unis, dans l'Inde et en
Océanie.

Les espèces les plus appréciées sont : la *violette*, la
violette marbrée, la *rohan*, remarquable par sa grosseur, la *rouge longue* ou *vitelotte de Paris*, la *hollande
rouge* ou *jaune*, la *saint-laurent* ou *pomme de terre
ananas*, la *decroisille*, à peau rose et à chair jaune, la
belle ochreuse, la *chaville*, la *beaulieu*, la *marjolin*.
Dans un bon sol, bien fumé, plusieurs de ces variétés
rendent plus de 500 hectolitres à l'hectare.

La pomme de terre est sujette à des maladies, heureusement passagères ; on la voit à présent partout, et
dans diverses régions, en Irlande notamment, elle constitue la moitié de l'alimentation. A Paris, si les marchands de pommes de terre frites disparaissaient, on
considérerait certainement ce fait comme une calamité.

Ainsi que la pomme de terre, la *tomate*, ou pomme
d'amour, appartient au genre des solanées. C'est une
plante potagère dont le fruit d'un rouge vif est légèrement acide. Dans l'Europe méridionale, et surtout en
Italie où elle porte le nom de *pomidoro*, pomme d'or,
dénomination qui, par parenthèse, ne convient guère à
sa couleur, la tomate est tellement appréciée qu'on la
mêle à tous les mets, et qu'on la mange crue, en salade.
Cortez la vit, à côté du maïs, au Mexique où on l'appelait, où on l'appelle encore *tomatl*. Nos maraîchers la
cultivent.

L'aubergine, autre solanée, *Solanum melongena*, au

fruit violet ovoïde, est actuellement commune dans les
cinq parties du monde. On la doit à l'Asie tropicale.
Elle triomphe, sur la table, au gratin et farcie; la tomate aussi.

LÉGUMES HERBACÉS

La laitue, la chicorée, le pissenlit, l'épinard, l'oseille,
le cardon, l'artichaut, le chou, l'asperge, sont les principaux légumes herbacés.

La *laitue romaine* a toujours été commune dans le
Latium, et la Gaule l'a connue de bonne heure.

La *chicorée*, vivace en France, fournit un mets très
sain. Cultivée en cave,
elle donne la salade
appelée *barbe-de-ca-
pucin*.

Une de ses variétés
produit des racines
charnues dont on fait
le café-chicorée.

L'*escarole* est aussi
une chicorée.

En infusion, la chi-

La laitue.

corée est tonique et apéritive ; on en prenait beaucoup
sous cette forme, au dix-septième siècle. « On crut, dit
Voltaire (*Siècle de Louis XIV*), que Madame avait été
empoisonnée dans un verre d'eau de chicorée. »

C'est sur la chicorée qu'a été fait ce dicton : « Ce qui
est amer à la bouche est doux au corps. »

La *mâche* résiste au froid ; c'est une de nos salades d'hiver et une de nos plantes indigènes.

Les *épinards* nous sont venus d'Orient par l'Espagne et les Mores : « Les espinars sont ainsi appelés, disait O. de Serres, *à cause de leur graine qui est espineuse,* bien qu'il y en ait de ronde sans piqueron ; et des deux, masle et femelle. L'espinar masle, seul, produit de la graine, demeurant stérile la femelle sans faire semence. »

La chicorée.

Vulgairement, l'épaulette à graine d'épinards indique un grade supérieur dans l'armée. Le chef de bataillon a déjà une épaulette à graine d'épinard. Cette locution cessera d'avoir cours quand nos troupes ne porteront plus d'épaulettes.

Cuits et hachés, les épinards préparés au beurre, au jus de viande, ne déparent aucun menu.

On connaît le plaisant apophthegme d'Henri Monnier sur ce légume :

« Je n'aime pas les épinards, et je m'en réjouis, car si je les aimais, j'en mangerais, et, comme je ne peux pas les souffrir, cela me serait infiniment désagréable. »

L'*oseille* est une plante de nos prés, qui doit sa saveur aigre à un sel organique, l'oxalate de potasse.

Le sieur d'Ouville a, dans son recueil de contes, un racontar amusant sur l'oseille ; transcrivons-le. Il est intitulé : *D'un Normand qui eut l'oreille coupée.*

« Un Normand franc coupeur de bourses (car il en
est de toutes nations), se trouvant à Paris et voulant
faire un tour de son mestier, fut pris sur le fait, qui
fut cause qu'ayant été arrêté prisonnier, il fut condamné à avoir une oreille coupée ; l'arrêt fut exécuté,
et ainsi essoreillé, il fut contraint de s'en retourner à
Rouen.

» Quelque temps après, quelqu'un de sa connois-
sance ayant envie d'aller à Paris
vint prendre congé de'lui, lui
demandant s'il n'y vouloit rien
mander. Quoi! tu vas à Paris, lui
dit-il ; prends garde à ce que tu
fais, car en ce pays-là ils sont si
friands des oreilles des Normands
que tu ne feras pas peu si tu en
rapportes une des tiennes comme
j'ai fait ; mais quoique fort subtil
que je sois, il a fallu y en laisser
une ; et il lui fit voir comme il étoit
essoreillé. Cela ne découragea
point mon Normand, qui y avoit
affaire ; il se met en chemin,

L'oseille.

quoique avec un peu de crainte. Comme il arriva au
faubourg Saint-Honoré, toujours avec cette appréhen-
sion, il vit une herbière qui crioit : A ma belle ozeille !
qui est de l'ozeille que les menus gens prononcent
ainsi, et en Normandie on l'appelle de la surelle. Ce
pauvre homme, pensant que ce fût un échec et mat
qu'on fît sur son oreille, s'en retourna sur ses pas
et s'en revint à Rouen, assurant son amy qu'il lui
était redevable d'une oreille pour le moins, et que s'il
fût passé outre comme il eût fait sans son avis, il cou-

roit risque de n'en pas perdre seulement une, mais même toutes les deux. »

Le *cardon* et l'*artichaut* sont originaires du midi de l'Europe ; ils appartiennent à la même famille, celle des composées.

Ainsi qu'on l'a fait observer, l'artichaut, tel qu'il est servi sur nos tables, n'est autre chose que la réunion des fleurs du végétal enveloppées d'écailles et d'un réceptacle. Ce sont ces écailles et ce réceptacle que l'on mange, en rejetant les fleurs placées au centre.

L'*asperge* vient bien dans l'Europe méridionale et

L'artichaut.

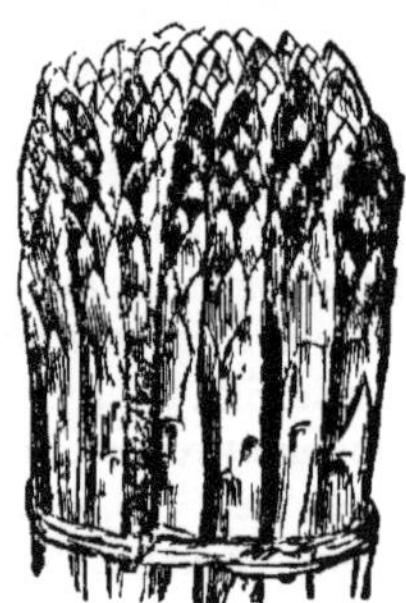

Les asperges.

dans l'Europe centrale, et nos maraîchers sont parvenus à lui donner des proportions énormes.

Elle est très vantée, malgré la fétidité que prend l'urine des personnes qui en ont mangé, fétidité que la science n'a pas encore expliquée.

Le *chou* appartient au genre auquel on doit la rave et le navet ; on en compte plusieurs espèces : chou cavalier, — chou de Bruxelles, — chou frisé, — chou pommé, — chou-rave, — chou-fleur. L'Europe est sa patrie : aussi le trouve-t-on partout mêlé à la vie privée des populations européennes.

En France, le chou, non content d'entrer dans la cuisine sous cent formes différentes, a effrontément envahi le langage : « Bête comme un chou, — aller à travers choux, — aller planter ses choux, — s'entendre à une chose comme à ramer des choux, — faire ses choux gras de quelque chose, — cela ne vaut pas un trognon de chou », sont des expressions familières.

« Mon chou, — mon petit chou, — mon chou-chou », passent pour des tendresses veloutées. — « Ménager la chèvre et le chou, — faire chou-blanc, — ce n'est pas tout que des choux, il faut encore de la graisse, — chou pour chou, cet homme vaut bien l'autre, — faire valoir ses choux », et autres phrases ou proverbes analogues se rencontrent dans le langage courant.

Le chou.

En Allemagne, le chou se mange communément haché et fermenté dans la saumure, c'est-à-dire à l'état de *choucroute*.

Le chou est considéré comme un bon légume, et il en est peu dont la consommation soit aussi développée.

LÉGUMES AROMATIQUES

L'oignon, l'ail, le poireau, le persil, le cerfeuil, le céleri, le cresson, voilà les plus connus des légumes aromatiques.

Ces plantes, ainsi que tant d'autres, poussent dans nos potagers et nos champs.

L'*oignon*, l'*ail*, le *poireau*, sont trois enfants de la famille des Liliacées, dont l'origine est orientale.

C'est avec l'ail, l'oignon, le persil, que les monarques égyptiens payaient, en partie, les ouvriers qui travaillaient à la construction des pyramides.

Décrivant la pyramide de Chéops, dans son livre II, par. cxxv, Hérodote précise ainsi ce fait : « On a marqué en caractères égyptiens, sur la pyramide, pour combien les ouvriers *ont consommé d'aulx, d'oignons et de persil*. Autant que je puis m'en souvenir, l'inscription, que l'interprète m'a expliquée, signifie que la somme s'élève à seize cents talents d'argent ([1]). Si ces choses ont autant coûté, que n'a-t-on pas dépensé en outils de fer, en vivres et en vêtements durant le temps employé à bâtir. »

([1]) Il y avait, chez les Grecs, deux sortes de talents d'argent : celui de 19 440 grammes, qui valait 4 140 francs, et celui de 27 000 grammes, qui valait 5 750 francs. Si c'est ce dernier qu'Hérodote désigne, il s'agit d'une somme de 9 200 000 francs.

On assure que l'oignon conserve aussi longtemps,
sinon plus longtemps que les céréales et les légumineuses, la faculté germinative.

« Plusieurs savants, dit M. Pouchet, prétendent que
des grains de blé d'une ancienneté qui remontait à

Pyramide dont la main-d'œuvre a été payée en partie
avec des aulx et des oignons.

l'époque des Pharaons, ont germé et ont donné une
récolte après avoir été confiés à la terre ! On les avait
trouvés dans des sépultures égyptiennes, à côté des
momies. Aussi, selon toutes probabilités, avaient-ils
été récoltés sur les bords du Nil il y a trois ou quatre
mille ans. L'*oignon* de la scille maritime, d'après quelques botanistes anglais, offre une longévité non moins
extraordinaire. Objet d'un culte particulier dans l'ancienne Égypte, où on lui éleva même des temples, ce
végétal sacré était quelquefois emmaillotté sous des
bandelettes et déposé religieusement dans les sarco-
phages. Le génie audacieux des naturalistes a voulu

fouiller dans ces véritables momies végétales, pour voir si elles ne recélaient pas encore quelque étincelle de vie, malgré tant et tant de siècles de sommeil. Et l'on assure que ces cadavres de racines, soustraits à leur double emprisonnement, et placés dans un sol propice, se sont rapidement ranimés en se parant de fleurs et de fruits !... »

L'oignon.

On n'en saurait raconter autant des momies humaines. L'oignon serait supérieur à l'homme ! humiliation !

Ainsi que le chou, l'oignon a donné lieu à quantité de dictons, de proverbes, de locutions populaires : — « Je vous arrangerai cela aux petits oignons. — Pleurer sans oignon. — Il y a de l'oignon (il y a quelque anguille sous roche). — En rang d'oignons. — Si tu te trouves sans chapon, sois content de pain et d'oignon. — Regretter les oignons d'Égypte » (regretter son ancien état) (¹).

L'*ail*, qui doit son odeur, son âcreté brûlante, à l'huile volatile qui existe dans ses gousses, a eu et a encore ses détracteurs.

« Si jamais, vocifère Horace (ode III, *le Mangeur*

(¹) « Les Hébreux, traversant le désert, regrettaient beaucoup les oignons d'Égypte. » *Nombres*, X, 5. — L'oignon aimant les terrains alluvionnaires, celui de la Basse-Égypte, que les Juifs avaient l'habitude de manger à toutes sauces, devait, en effet, être digne de regrets.

d'ail), si jamais, d'une main parricide, un monstre étrangla son vieux père, je le condamne à la ciguë, et que dis-je? à manger de l'ail comme un moissonneur.

» Moissonneurs! entrailles de fer qui digérez ces herbes de Canidie assaisonnées au sang de vipère!

» Quel poison me brûle!

» Ah! elle avait frotté d'ail le beau Jason, qui va sans doute soumettre au joug ces taureaux indomptés, la magicienne éprise du chef des Argonautes; elle avait frotté d'ail les présents funestes qu'elle offre à sa rivale, avant de s'enfuir sur les ailes du dragon! Jamais l'Apulie, exposée aux feux de la canicule, n'a respiré de plus mortelles vapeurs. Sous la robe ardente de Déjanire, Hercule, au bout de ses travaux, a brûlé d'un feu moins cruel. »

L'ail.

Pour être juste, il convient d'admettre que l'haleine de l'amateur de l'ail laisse à désirer, et qu'un de nos salons exigus de Paris où se trouveraient une demi-douzaine de personnes ayant mangé de l'ail à dîner, aurait une atmosphère médiocrement suave.

La classe ouvrière aime l'ail.

On raconte que l'ail guérit de la rage, et qu'un médecin portugais, établi à Porto, a expérimenté avec tant de bonheur ce remède simple, que sur neuf individus mordus, en 1882, par des chiens enragés, aucun de

ceux qui furent traités par l'ail ne présenta de symp-
tômes rabiques, tandis que les autres, qu'on cautérisa
au fer rouge, moururent.

Voici la recette de cet esculape; nous la recomman-
dons, sans savoir au juste ce qu'elle vaut, parce que
nous la croyons inoffensive :

La morsure doit d'abord être lavée à l'eau froide,
puis frottée avec de l'ail pilé, qu'on laisse sur la plaie
pendant un certain temps; ensuite, le malade prend,
chaque jour, durant une semaine, soixante grammes de
cette infusion : eau pure, 720 grammes; ail, une tête,
qu'on a fait bouillir jusqu'à réduction à 500 grammes.

En outre, le malade mange tous les matins deux
gousses d'ail avec du pain; et s'il est pris d'un accès
de rage, on lui donne à mâcher des têtes d'ail, ce qui
le calme et l'assoupit.

La *ciboule*, l'*échalote*, sont des plantes du genre oignon et du genre ail.

Le *poireau* se comporte aussi bien dans la soupe que
dans le jus de viande. Les Romains le mangeaient, les
trois quarts du temps, comme nous mangeons les salsifis.

Le *persil* et le *cerfeuil*, tous les deux ombellifères et
communs en Europe, s'emploient pour l'assaisonnement des mets.

Le persil est parfois confondu avec la ciguë, qui est
un poison. Il est un moyen simple d'éviter toute mé-
prise dangereuse : la ciguë exhale une odeur herbacée
fétide; le persil a un parfum agréable et aromatique;
en froissant entre les doigts, successivement, ciguë et
persil, on sait donc vite quelle est la bonne plante.

L'*ache odorante* ou *céleri* et l'*angélique*, encore des
ombellifères que nos régions possèdent en propre,
ne sont pas les moins estimés des légumes aromati-

ques. Le céleri est parfait cuit avec du jus de viande ou
en salade; l'angélique est exquise confite.

Le *cresson* est un condiment et une salade, à volonté,
souverain pour la *santé du corps,* crient les marchands
des quatre saisons.

Le département de Seine-et-Oise est riche en *cresson-*

Le poireau.   Le persil.

nières, car notre capitale consomme beaucoup de cresson. Cette plante de ruisseaux, de marais, est salutaire.
On peut en dire autant du cresson *alénois,* ou des jardins, ou d'Orléans, car alénois est une corruption d'*Or-
lcnois :* Vey-ci bon cresson orlénois! (G. de la Ville-
neuve, *Cris de Paris.*)

La *moutarde,* ou sénevé, croit spontanément dans
nos campagnes. Sa graine, dont on fait les sinapismes
et la moutarde, contient, comme l'ail, une huile volatile d'où lui vient sa vertu excitante. Elle a aussi, et
largement, les honneurs du langage; voyez plutôt :

De trois choses, Dieu me garde : Du bœuf salé sans
moutarde, d'un valet qui se regarde, d'une femme qui
se farde. — La moutarde lui monte au nez (Il s'impa-

tiente, s'irrite). — C'est de la moutarde après dîner
(Cela arrive trop tard). — Il est fin comme moutarde
(Il est rusé). — Il se croit le premier moutardier du
pape (Il affecte de l'importance). — Sucrer la moutarde
(Adoucir une réprimande). — S'amuser à la moutarde
(à des bagatelles). — Le reste en moutarde (se dit d'un
employé qui ne peut justifier de l'emploi complet des
sommes qu'il a reçues).

La moutarde est un composé de |graines de sénevé
broyées et délayées dans du vinaigre, où il entre de la
ciboule, du céleri, de l'ail, du sel, de l'huile d'olive,
des quatre épices, de l'estragon. Dijon a la réputation
de fabriquer une moutarde de qualité supérieure.

Les champignons rentrent naturellement dans la catégorie des légumes de ce chapitre. Les espèces comestibles de ces végétaux, variés à l'infini, ressemblant
parfois aux espèces vénéneuses, on agira prudemment
en recherchant, de préférence, les champignons de
couche, c'est-à-dire qui ont poussé dans des caves ou
des carrières, sur des couches de fumier de cheval,
parce que ceux-là sont toujours sains.

Les croûtes aux champignons, les champignons aux
fines herbes et les champignons sautés au champagne,
sont des mets dont on se lèche les doigts dans les
bonnes maisons.

Règle générale, il faut rejeter les champignons cueillis
dans les endroits creux et humides, ceux que les insectes
ont mordus, ceux dont le chapeau est visqueux et couvert de verrues blanchâtres, ceux dont l'odeur est nau-
séabonde et la chair mollasse avec une tendance à
noircir quand on la déchire, et mieux encore, c'est
plus sage, ceux dont on ne connaît pas suffisamment
les caractères botaniques.

L'usage des champignons est universel et vieux comme
l'homme. Peuples sauvages et peuples civilisés ont sans
cesse recherché ces parasites de la nature, et il ne paraît pas que les innombrables empoisonnements dont
ils ont été victimes aient diminué leur penchant pour
ceux-ci.

La *truffe* est aussi un champignon, mais d'un genre
spécial et d'une saveur qui en fait le diamant de la
cuisine, pour nous servir de l'expression de Brillat-
Savarin.

La truffe vit souterrainement à 10 ou 15 centimètres
de profondeur et, de même que les autres champignons,
se développe par des *spores*, corpuscules reproducteurs
des cryptogames; elle préfère les terrains calcaires et
argileux, et particulièrement ceux où poussent les
charmes, les chênes et les châtaigniers. Peu d'indices
trahissant, à la surface du sol, sa présence, c'est par
l'odeur qu'elle exhale qu'on parvient à la découvrir.
On se sert pour cela de porcs et de chiens dressés,
chiens de berger ou barbets. Le chien a l'odorat fin
et se trompe peu; seulement il se contente, le plus
souvent, de flairer la truffe, qu'il n'aime point, et de
passer, ce qui n'est pas une indication complète pour
l'individu dont il est accompagné; au contraire, le
porc déterre toujours la truffe, dans l'espoir de la
croquer, car il en raffole. Afin de l'empêcher de se
truffer aux dépens de ses patrons, on musèle ce glou-
ton truffivore.

On a créé, dans plusieurs départements, des truffières
artificielles; ces essais n'ont pas eu de résultats encou-
rageants.

La truffe est excitante, échauffante et lourde, et il
faut se garder d'en abuser. En petite quantité, elle aro-

matise divinement la viande. La plus parfumée est celle
du Périgord.

On trouve chaque année, en France, pour seize à dix
sept millions de francs de truffes.

LES CUCURBITACÉES

Infortune des cucurbitacées. — Le cornichon. — Le potiron. — Le melon.
— La voix populaire.

Le cornichon, le concombre, le melon, le potiron,
caractérisent cette classe, dont les principaux individus,
nous ne savons pourquoi, ont été choisis pour repré-
senter la stupidité.

Un *cornichon* est, populairement, un homme niais
qui se laisse attraper ; dans le même langage, *potiron*
n'a pas une acception plus avantageuse ; quant à *melon,* il a une signification plus écrasante encore que
cornichon ou citrouille.

Dire à un homme : Quel cornichon ! quelle citrouille !
quel melon ! c'est le sacrer trois fois crétin, par gra-
dation.

Quoi de plus exquis pourtant, l'été, qu'un bon can-
taloup bien mûr, bien juteux, bien sucré !

N'importe, la voix populaire a prononcé : il faut subir
son arrêt.

Encore, si la voix populaire ne frappait injustement
que les légumes ! Mais elle frappe les hommes tout
aussi niaisement, et plus cruellement.

Le melon est Indien. Du pied de l'Ilimalaya au cap
Comorin, en face de l'île de Ceylan, il pousse naturellement. Sa culture, d'une ancienneté qui ne le cède en
rien à celle des autres légumes asiatiques, s'est propagée
en Europe. L'odeur suave, la chair fine, fondante et

sucrée de ce végétal, ont dû séduire, de bonne heure,
les gourmands. Le melon, plus encore que la tomate, a
été adopté par les maraîchers parisiens, qui le font venir

Le melon.

sous cloche et savent lui donner une forme, un parfum
et un goût délicieux.

Quant aux citrouilles, à qui nous devons la *pastèque*
ou melon d'eau et la *coloquinte* purgative et vomitive,
quant aux courges, auxquelles le *potiron* appartient,
elles ont toujours prospéré dans les zones torrides et
tempérées.

Le potiron atteint souvent des proportions énormes;
chaque année, aux halles centrales de Paris, on promène pompeusement sur un brancard, après l'avoir
sacré roi, celui qui, au moment où ses semblables
abondent au marché, a été reconnu sans rival pour le
tour de taille.

LES FRUITS

Presque tous les fruits que nous mangeons sont originaires d'Asie, de cette terre si riche d'où nous est venue la lumière qui nous a réchauffés et où notre civilisation porte, à son tour, ses bienfaits.

Les fruits ont joué un rôle capital dans l'alimentation; on peut même avancer qu'ils ont eu l'honneur d'être les premiers produits que l'homme affamé a dévorés. Avant de manger les plantes herbacées, les légumes, avant de s'attaquer aux bêtes qui devaient lui disputer leur vie au point de rendre dangereuse sa lutte avec elles, l'homme dut, naturellement, cueillir les fruits dont la forme, la couleur, la saveur, les principes sucrés, étaient de nature à exciter son goût et à tromper son appétit.

Encore aujourd'hui, les sauvages vivent de fruits, quand ils n'ont pas autre chose à se mettre sous la dent.

Les anciens, en représentant Tantale en proie au

Récolte des pommes.

double supplice de la soif et de la faim devant une eau limpide qui se retire lorsqu'il veut boire, au-dessous d'arbres fruitiers dont les branches se relèvent lorsqu'il veut les dépouiller, avaient poétiquement caractérisé l'importance de l'eau et des fruits.

Grâce au progrès humain, les fruits sont passés au rang secondaire qui leur convient, au rang de dessert.

Énumérer tous ceux qu'on mange, tout le contenu de la corbeille de Pomone, nous entraînerait trop loin et ne serait pas d'une grande utilité; nous bornerons donc nos citations au dessus du panier. Nommons spécialement :

La pomme, qui, dans nos départements de l'ouest, tient lieu du raisin et fournit le cidre.

La poire, dont on tire le poiré et qui vit côte à côte, en intimité, avec la pomme. Poire et pomme croissent naturellement en Europe.

La figue, une Orientale, apportée en France par les Phéniciens, six siècles avant J.-C., lors de la fondation de Marseille.

L'ananas, un Indien savoureux.

Le coing, un Crétois, au parfum pénétrant.

La prune, une Asiatique devenue européenne, dont on voit les jolis contours veloutés, jaunes, verts ou violets, dans nos vergers.

La pêche, une Persane (*persicum* en latin, *persica* en italien) belle de forme et de couleur, fondant dans la bouche quand elle est mûre, et qui s'est si bien acclimatée en France que le pays où elle vient le mieux est Montreuil-sous-Bois, près de Paris, à deux kilomètres de Vincennes. On la cultive là en espaliers, avec une habileté qui est presque un art. Montreuil-sous-Bois produit, bon an, mal an, quinze millions de pêches dont les plus belles sont vendues jusqu'à un franc la

pièce. Il est vrai qu'on n'en récolte nulle part de pareilles.

L'abricot, un Arménien délicat et blond.

L'amande, une Africaine, depuis longtemps naturalisée Européenne.

La cerise, apportée à Rome par Lucullus après la campagne que fit ce général contre Mithridate, roi de Pont, et qui n'est pas moins bonne à Montmorency que dans l'Asie Mineure.

Il est curieux de noter que la cerise a conservé, sur les bords du Tibre, le nom qu'elle y reçut,

La figue.

lorsqu'elle y parut, 68 ans avant J.-C. Comme elle venait de Cerasonte, on l'appela *cerasa*, et de nos jours encore, tandis que la plupart des Italiens l'appellent *ciriegia*, les Romains persistent à lui donner son premier nom. A notre avis, les Romains ont raison. Poursuivons :

La fraise, la framboise, la

La pêche.

mûre, la noisette, la nèfle, ces coureurs de bois si recherchés par l'enfance, par la jeunesse en vacances.

Le raisin, ce prince des fruits par son jus *divin*.

La groseille, une Gauloise distinguée, qu'on traite

avec de grands égards en Lorraine, à Bar-le-Duc, où on a créé avec elle une aimable industrie, celle des confitures de Bar.

L'orange, une Chinoise, qui a fait son tour du monde.

Le citron, si commun sur le littoral méditerranéen, dont l'acidité est rachetée par des qualités toniques, fébrifuges, rafraîchissantes et désinfectantes qui en font presque une panacée.

La noix, que l'Asie et l'Europe se disputent.

La châtaigne et son frère le marron.

Les abricots.

La banane, succulente et mielleuse, le fruit démocratique dans l'hémisphère austral.

Le coco, cet enfant de la zone torride, de la mer, de la terre et de l'air.

La datte, cette merveille arabo-africaine, qui, à elle seule, vaut un Pérou.

L'olive, encore une Asiatique, si délectable comme hors d'œuvre et si haut placée à cause de son huile.

Le grenadier, qu'on a cru Carthaginois, mais qui, probablement, vient du Levant. Arbre caractéristique

de la région méditerranéenne, son fruit, la grenade,
est rafraîchissant, et on peut, sans crainte, servir ce

La cerise.

La fraise.

fruit aux malades. En France, le grenadier n'est guère
cultivé qu'en caisse, comme arbuste d'orangerie.

La framboise.

L'orange.

Les fruits ne sont pas seulement excellents à l'état
frais, à la condition qu'on n'en abuse pas; ils constituent, de plus, à l'état sec, un manger recommandé.

Pommes et poires tapées; raisins, marrons secs; figues, prunes (pruneaux), amandes, noix, noisettes sèches; abricots, coings, groseilles, etc., en confitures ou confits, ne laissent aucune personne indifférente.

Quant à l'utilité des fruits pour les boissons, elle est tellement éclatante qu'il suffit de citer le raisin et la pomme pour la prouver.

Le citron.

Il est des fruits farineux, sucrés ou gras qui, à eux seuls, nourriraient des populations entières. Tels sont : le fruit de l'arbre à pain, la noix, la châtaigne, la datte et le coco.

L'arbre à pain, qu'on voit dans quelques îles de l'Océanie, surtout à Otahiti, porte un fruit du poids de deux à trois kilogrammes qui, coupé par tranches, et cuit sur le gril ou dans le four, donne un comestible féculent analogue au pain. Un chanteau rôti de ce végétal, enduit de beurre frais, fait une tartine capable d'amener l'eau à la bouche aux amateurs de friandises.

L'arbre à pain, c'est la nature boulangère.

La noix, qui contient une huile classée immédiatement après l'huile d'olive, a conquis une situation dont on ne la dépossèdera pas. Que d'enfants d'ouvriers déjeunent, l'hiver, d'un morceau de pain et de quelques noix?

> Qui a des noix, il en casse;
> Qui n'en a, il s'en passe.

Et il faut croire, d'après ce proverbe, que celui qui

Récolte des olives, en Provence,
pour la fabrication de l'huile d'olive.

n'en a pas et qui, par conséquent, s'en passe, n'est pas content.

Mets de paysan, comme le qualifiaient autrefois les citadins dédaigneux, le marron a pris rang dans la cuisine bourgeoise et dans les desserts de choix où il rivalise avec les fruits confits les plus fins, ce qui ne l'empêche pas de continuer à être le préféré du montagnard.

L'arbre à pain.

Les Parisiens ont pour lui une prédilection marquée, et seraient privés si, la saison froide venue, ils ne le voyaient reparaître avec ses petits marchands classiques, hirondelles humaines qui reviennent, à la même époque, rallumer leurs fourneaux et rouvrir leur commerce populaire à la porte des marchands de vin.

Tirer les marrons du feu, c'est-à-dire, servir d'instrument à quelqu'un, sans profit pour soi, est une locution usuelle. La Fontaine a écrit, sur ce proverbe, une de ses meilleures fables.

> Bertrand dit à Raton : Frère, il faut aujourd'hui
>   Que tu fasses un coup de maître,
> Tire-moi ces marrons. Si Dieu m'avait fait naître
>   Propre à tirer marrons du feu,

> Certes, marrons verraient beau jeu.
> Aussitôt fait que dit : Raton, avec sa patte,
> D'une manière délicate,
> Écarte un peu la cendre et retire les doigts,
> Puis les reporte à plusieurs fois ;
> Tire un marron, puis deux, et puis trois en escroque :
> Et cependant Bertrand les croque.
> Une servante vient : adieu mes gens. Raton
> N'était pas content, ce dit-on.

Pas plus probablement que l'infortuné mentionné ci-dessus qui, n'ayant pas de noix, s'en passe.

La datte est qualifiée, en Asie et en Afrique, de don divin.

Dieu, dit l'Arabe, créa le palmier en même temps

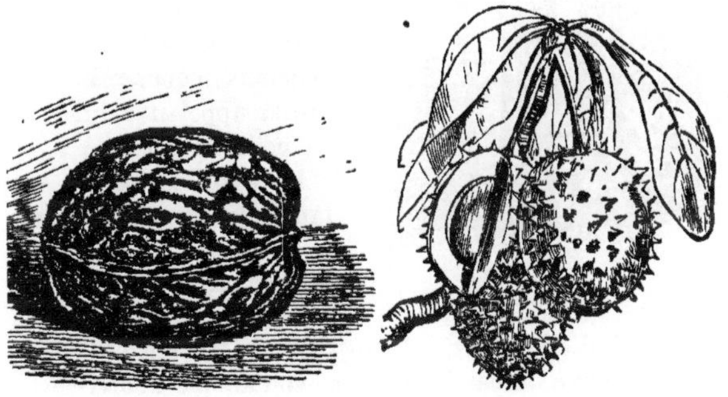

La noix.   Le marron.

que l'homme, pour que cet arbre servit à l'entretien de la vie humaine.

Le dattier, *prince du règne végétal* et type de la fa-

mille des palmiers, qui, selon l'expression orientale, a
le pied dans l'eau et la tête dans le feu du ciel, est un
bel arbre au stipe droit, de trénte mètres de hauteur
parfois, et couronné
d'une élégante touffe
de feuilles de l'ais-
selle desquelles nais-
sent des spathes d'où
pendent des régimes
de fruits.

Creusez des puits
dans le désert et plan-
tez des palmiers qu'ar-
rosera l'eau de ces
puits, et l'oasis se
formera, car le pal-
mier appelle à lui les
végétaux comme le
Christ appelait à lui
les petits enfants.

La datte est d'au-
tant plus précieuse
qu'elle se conserve
facilement (il suffit
pour cela de l'expo-

Les dattiers.

ser au soleil après la cueillette); l'Arabe en fait souvent, par force ou par inclination, son unique nourriture, et sans elle bien des Africains septentrionaux
seraient perpétuellement dans la détresse.

Le dattier ne donne pas seulement, à celui qui le
soigne, un fruit rafraîchissant et nutritif; il lui procure
encore une boisson naturelle fortifiante, des fibres et
des feuilles pour tresser ses ustensiles de ménage et

confectionner ses vêtements, et, après épuisement, du bois pour la charpente de sa maison.

En cela, il ressemble au sagoutier et au cocotier, autres palmiers.

Le sagoutier des Moluques contient dans son stipe une fécule, le *sagou,* qui vaut le fruit de l'arbre à pain ; le cocotier, dont le chapiteau aux feuilles pennées se dresse, comme celui du dattier, dans le feu du ciel, à trente mètres du sol, n'a pas que sa noix ; tout en lui est utile et bon. Écoutez ce qu'en dit M. Boniface Guizot, dans ce récit où sont détaillés les divers avantages que l'Indien d'Amérique en retire :

« Un voyageur parcourait ces pays situés sous un ciel brûlant, où la fraîcheur et l'ombre sont si rares, et où l'on ne trouve qu'à des distances considérables quelque habitation où l'on puisse goûter un repos que la fatigue de la route rend si nécessaire. Accablé et haletant, ce pauvre voyageur aperçut une cabane entourée de quelques arbres au tronc droit, élevé et surmonté d'un gros bouquet de feuilles très grandes, dont les unes relevées et les autres pendantes avaient un aspect élégant et agréable. Rien d'ailleurs, autour de cette cabane, n'annonçait un terrain cultivé. A cette vue, qui ranime ses espérances, le voyageur rassemble ses forces épuisées, et bientôt il est reçu sous ce toit hospitalier. Son hôte lui offre d'abord une boisson aigrelette qui le désaltère et le rafraîchit. Lorsque l'étranger eut pris quelque repos, l'Indien l'invita à partager son repas : il servit divers mets contenus dans une vaisselle brune, luisante et polie ; il servit aussi du vin d'une saveur extrêmement agréable. Vers la fin du repas, il offrit à son hôte des confitures succulentes, et lui fit goûter d'une fort bonne eau-de-vie. Le voya-

L'oasis au désert.

geur étonné demanda à l'Indien qui, dans ce pays désert, lui fournissait toutes ces choses. — Mes cocotiers, lui répondit-il. L'eau que je vous ai offerte à votre
arrivée est tirée du fruit avant qu'il soit mûr, et il y a
quelquefois des noix qui en contiennent trois ou quatre
livres. Cette amande d'un si bon goût est le fruit dans
sa maturité; ce lait, que vous trouvez si agréable, est
tiré de cette amande; ce chou si délicat est le sommet
d'un cocotier; mais on ne se donne pas souvent ce
régal, parce que le cocotier dont on a ainsi coupé le
chou meurt bientôt après. Ce vin dont vous êtes si
content est aussi fourni par le cocotier; on fait pour
cela des incisions aux jeunes tiges des fleurs; il en dé-
coule une liqueur blanche, qu'on recueille dans des
vases, et qui est connue sous le nom de vin de palmier.
Exposée au soleil, elle s'aigrit et donne du vinaigre.
Par la distillation, on en obtient cette bonne eau-de-vie
que vous avez goûtée. Ce même suc m'a encore fourni
le sucre pour ces confitures que j'ai faites avec l'a-
mande. Enfin toute cette vaisselle et ces ustensiles qui
nous servent à table ont été faits avec la coque des
noix de coco. Ce n'est pas tout : mon habitation elle-
même, je la dois tout entière à ces arbres précieux;
leur bois a servi à construire ma cabane, leurs feuilles
sèches et tressées en forment le toit; arrangées en pa-
rasol, elles me garantissent du soleil dans mes prome-
nades; ces vêtements qui me couvrent sont tissés avec
les filaments de ces feuilles; ces nattes qui me servent
à tant d'usages différents en proviennent aussi. Les
tamis que voilà, je les trouve tout faits dans la partie
du cocotier d'où sort le feuillage; avec ces mêmes
feuilles tressées, on fait encore des voiles de navires;
l'espèce de bourre qui enveloppe la noix est bien pré-

férable à l'étoupe pour calfeutrer les vaisseaux; elle
pourrit moins vite et se renfle en s'imbibant d'eau. On
en fait aussi de la ficelle, des câbles, et toutes sortes
de cordages. Enfin, je dois vous dire que l'huile délicate qui a assaisonné plusieurs
de nos mets, et qui brûle dans
ma lampe, s'obtient par expression de l'amande fraîche.

» L'étranger écoutait avec
étonnement et admiration comment ce pauvre Indien, n'ayant
que des cocotiers, avait néanmoins par eux absolument tout
ce qui lui était nécessaire.
Lorsque le voyageur se disposait à partir, son hôte lui dit :
— Je vais écrire à un ami que
j'ai à la ville; vous vous char-
gerez, je vous prie, de mon
message. — Oui; et sera-ce
encore le cocotier qui vous
fournira ce qu'il vous faut? —
Justement, reprit l'Indien :
avec de la sciure des branches
j'ai fait cette encre, et avec les
feuilles ce parchemin; autrefois on en faisait toujours

Le cocotier.

usage pour les actes publics et les faits mémorables. »

Le mot fruit s'est naturellement introduit dans la
conversation courante : c'était fatal.

Par exemple, le fruit sec n'est pas seulement le fruit
qu'on a fait sécher au soleil ou au four : c'est un individu
incapable, un avorté dans la carrière qu'il a choisie.

On dit aussi : avec fruit, utilement ; les fruits d'une charge, ce qu'elle rapporte ; les fruits d'un fonds, d'un commerce, d'une industrie, d'un labeur, d'une victoire, de la paix, de la liberté, de l'étude, de la science. En parlant d'un enfant et en s'adressant à sa mère : Le fruit de vos entrailles. La salutation angélique fournit un exemple mémorable de cette acception.

C'est fruit nouveau de vous voir! Ainsi accueille-t-on quelqu'un dont les visites sont rares et qu'on revoit avec plaisir.

Les fruits réunissent en eux les grâces et les bienfaits de la végétation ; ils ont les beautés des fleurs et les qualités des légumes, et sont vraiment les produits comestibles les plus admirables de la terre.

LES CONDIMENTS

Les condiments qui rendent les mets plus agréables
en excitant le goût et l'appétit et en facilitant la digestion sont le sel, le sucre et les épices.

A la rigueur, on se passerait du sucre et des épices,
mais on ne saurait vivre sans sel.

Le sel est une manne dont Dieu a gratifié le genre
humain, sur lequel, par conséquent, il semble qu'on
n'aurait pas dû mettre d'impôt, a écrit Vauban dans
son travail sur la dîme.

Cette observation est d'autant plus juste, que le sel
est le produit le plus abondant et qu'on n'a, pour ainsi
dire, qu'à se baisser pour le prendre.

On le rencontre à l'état pulvérulent, sur le sol; en
Asie, il couvre des plaines, des plateaux d'une étendue
considérable; on le trouve dans le sol en gisements
immenses, en bancs solides et cristallins, à l'état de
sel *gemme*; et il existe en quantité non moins énorme

Gisement de sel gemme.

dans l'Océan, puisqu'il constitue la trentième partie de
la masse d'eau de toutes les mers. Pourtant, sous le
prétexte qu'il s'impose à tous, il est partout imposé,
souvent lourdement pour le pauvre.

Le sel est un corps composé formé de deux corps
simples combinés : le sodium et le chlore, si bien qu'en
chimie on l'appelle chlorure de sodium. Il est probable que l'homme en a mangé, d'instinct, dès le principe ; il serait donc puéril de rechercher à quelle
époque il est entré dans la consommation.

Le sel à l'état pulvérulent, qu'on traiterait facilement
par la dissolution, est dédaigné ; quant au sel gemme,
on l'extrait en creusant des puits et des galeries,
comme on fait pour la houille.

La France possède treize gisements de sel gemme
disséminés du nord-est au sud-ouest, de la Lorraine
aux Pyrénées, et la mine de sel gemme la plus vaste et
la plus curieuse d'Europe est celle de Wieliczka, dans
la Pologne autrichienne.

Composée d'amas irréguliers de forme et séparés
les uns des autres par de l'argile et du sable, cette
mine donne, dans les couches profondes, un sel très
pur qui s'enlève facilement en lamelles. Percée d'une
quantité prodigieuse de galeries dont les plus inférieures sont actuellement à 312 mètres au-dessous de
la surface du sol et à 57 mètres au-dessous du niveau
de la mer, elle peut être considérée comme le type des
riches terrains salifères.

Les mines de Wieliczka, affermées à des juifs jusqu'en 1772, occupent quinze cents ouvriers ; elles sont
divisées en cinq étages reliés par des puits et des escaliers tournants.

On voit, dans l'intérieur, plusieurs monuments taillés

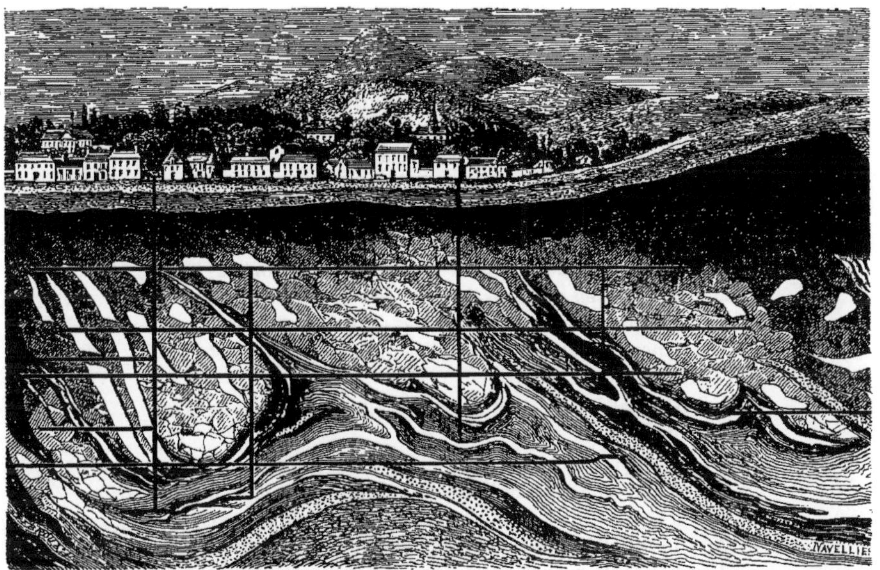

Les Mines de Wieliczka.

dans. le sel, entre autres, une chapelle de Saint-Antoine
de Padoue qui date de 1698, une statue colossale du
roi Jean Sigismond, et une écurie où vivent en bonne
santé des chevaux qui servent à l'extraction du minerai
et ne sortent des entrailles de la mine que lorsque l'âge
les rend impropres au travail.

Les sources salées débitent des eaux qui se sont sa-
turées de sel en rencontrant, sur leur parcours, des
gisements de sel gemme, et dont les dépôts sont parfois
très riches ; mais le plus grand producteur de sel est
l'Océan.

C'est par l'évaporation qu'on extrait le sel marin de
l'eau de mer.

Cette opération se fait en grand sur nos côtes de la
Méditerranée et de l'Atlantique. Des marais salants à
fond d'argile sont établis sur le littoral ; l'eau de mer
y est introduite, puis s'écoule lentement par un système
de canaux, de vannes et de bassins habilement dispo-
sés, jusqu'à un dernier réservoir où elle laisse tomber
le sel qu'elle contient. Quand celui-ci forme une croûte
de six à huit centimètres d'épaisseur, on met le bassin
à sec, le soleil et l'air font leur office, et les sauniers,
munis de pelles, ramassent le sel en tas où il achève
de se débarrasser de ses parties aqueuses.

C'est alors du sel *gris*, gris parce qu'il contient des
parcelles terreuses ; si l'on veut le convertir en sel
blanc, il faut le laver et le raffiner, ce qui n'est ni difficile ni dispendieux.

Disons en passant, et contrairement à une croyance
populaire, que le sel gris sale moins que le sel blanc,
par ce motif qu'il est moins pur.

C'est également sans raison qu'on a fait du sel l'emblème de la stérilité. L'agriculture combat ce préjugé

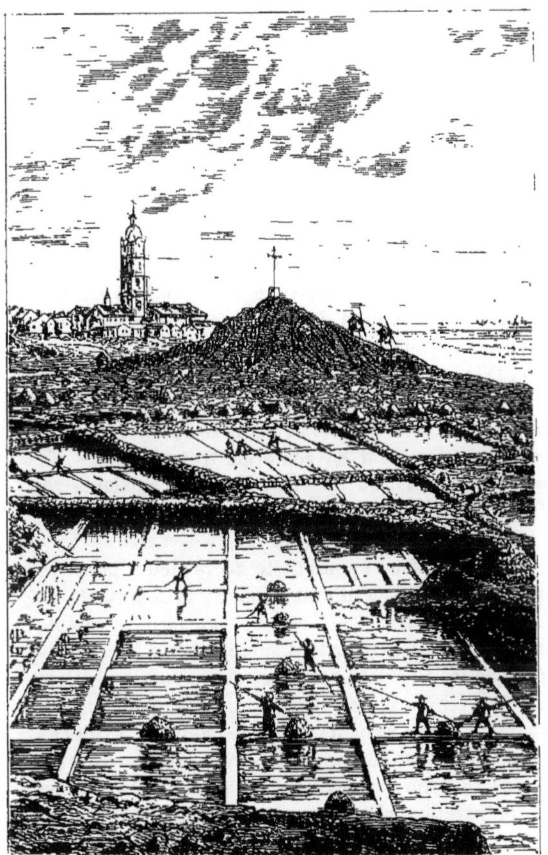

Marais salants.

en employant le sel comme engrais et en poussant ses défrichements jusqu'au bord de la mer.

Est-il nécessaire d'insister sur le rôle du sel dans la conservation des viandes et du poisson, et tout le monde n'est-il pas instruit sur ce point?

On ne met pas seulement du sel sur le lard et la morue, on en met aussi dans ses propos ou ses écrits, et cela signifie qu'on y met de l'esprit.

Mais déjà le sel nous a altéré; passons vite au sucre afin d'atteindre ensuite les boissons.

Le sucre surabonde dans le règne végétal, et diverses plantes en renferment des quantités extraordinaires; citons en première ligne : la canne à sucre, la betterave, l'érable du Canada, le sorgho, le maïs, la châtaigne, le melon, la carotte, le navet, la patate, la figue et le stipe des palmiers. On tirerait du sucre de tous les fruits; seulement, comme il en coûterait trop de temps, de peine et d'argent, on n'en demande qu'à quelques végétaux de choix, qui sont : la canne à sucre, l'érable, le sorgho et la betterave.

Si les Romains connurent le sucre, leurs procédés de fabrication se perdirent pendant la tourmente de l'invasion des Barbares, car nos ancêtres n'eurent, durant des siècles, pour tout sucre, que du miel et des sirops de fruits. Il faut remonter au quatorzième siècle pour trouver trace, en France, de sucre blanc cristallisé, et ce sucre vient d'Orient; ce sont les Vénitiens ou les Génois qui l'ont apporté d'Alexandrie.

Le sucre blanc était, à cette époque, considéré comme une préparation pharmaceutique, et les apothicaires seuls avaient le droit d'en vendre. Sa rareté et sa cherté persistèrent jusqu'à la fin du dix-septième siècle.

Cependant, au treizième siècle, les Siciliens avaient

planté dans leur île des cannes à sucre, et peu à peu
cette culture s'était propagée en Espagne, à Madère, et
jusqu'en Provence où elle fit son apparition au milieu
du seizième siècle; mais nos pays ne lui convenaient
pas, et ce ne fut qu'après la découverte du nouveau
monde, et lorsqu'elle eut passé dans l'Amérique inter-
tropicale, que les Européens, bénéficiant des change-
ments qui s'étaient opérés dans la navigation depuis
les voyages de Christophe Colomb, de Vasco de Gama et
de leurs émules, mangèrent du sucre à un prix discret.

La canne à sucre est un roseau gigantesque de la
famille des graminées, originaire des Indes orientales,
et qui se reproduit par boutures. On la plante à la
façon des pépinières, en damier, et quand elle est hors
de terre, on a soin que les herbes ne l'étouffent ni ne
la grugent. Elle atteint fréquemment la hauteur de
trois mètres et la grosseur d'un petit arbre. Aux Antilles, on la plante en automne et on la récolte en automne. Il lui faut un an pour pousser et mûrir. A peine
coupée, elle est portée au moulin où elle est écrasée.
Il en sort un liquide appelé *vésou* d'où l'on tire le sucre
cristallisable et le sucre incristallisable ou mélasse qui,
fermentée et distillée, donne le rhum. La canne expri-
mée, qui contient encore 15 à 20 pour 100 de sucre et
qu'on brûle en guise de combustible, prend le nom de
bagasse.

La fabrication et le raffinage du sucre ont subi
depuis 1860 des perfectionnements qui les ont presque
transformés.

L'érable sucré est un arbre d'une trentaine de mètres
de hauteur, commun dans l'Amérique septentrionale,
qui, au printemps, quand la nature est en mouvement,
répand, par une simple incision pratiquée jusqu'au

bois dans son tronc, une sève chargée de sucre cristallisable. Évaporée dans des chaudières, cette sève fournit un sucre recherché de la Californie à l'embouchure du Saint-Laurent, et dont la fabrication n'est ni fatigante ni coûteuse.

La production annuelle du sucre de l'érable du Canada varie, en Amérique, entre quarante-cinq et cinquante millions de kilogrammes.

Le sorgho sucré est originaire de la Chine. C'est une plante de la même famille que la canne à sucre, qu'on traite à peu près comme celle-ci, et dont le jus est presque aussi riche que le *vésou* de sa parente. On l'avait introduit en France, en 1850, dans l'espoir qu'il remplacerait la betterave ; malheureusement on s'est arrêté au début des essais tentés avec lui. Patience : le progrès, qui marche si sûrement, établira l'équilibre entre le sucre et le sel. Pourquoi pas? Le sel et le sucre sont dans tout. L'essence du globe, c'est le sel; l'essence de la végétation, c'est le sucre.

La betterave, dont nous avons parlé aux légumes, a mis le sucre à la portée des petites bourses : aussi, qu'elle se maintienne dans la grande place qu'elle a conquise de prime saut ou qu'elle soit détrônée, devons-nous la saluer, comme on salue une amie.

C'est grâce aux guerres de l'Empire, qui interceptèrent nos communications avec l'Amérique, que la betterave sortit de son obscurité imméritée. Alors, on ne savait comment se procurer le sucre de canne ou colonial qui était redevenu horriblement cher, et on s'efforçait vainement d'obtenir du sucre cristallisé du raisin, de la figue, de la prune, du melon, du miel, quand on découvrit le sucre de betterave.

Ce fut une grande conquête pacifique, valant mieux

Récolte de la canne à sucre.

que les batailles gagnées par le conquérant, batailles qui n'avaient d'autre but que d'augmenter une puissance personnelle, dont la France devait payer durement la gloire.

Le sucre de betterave raffiné est aussi bon que le sucre de canne, et il suffit presque, à présent, à notre consommation.

Le sorgho.

On se rendra compte de la situation qu'il a prise en apprenant que la France, la Belgique, la Hollande, l'Allemagne, l'Autriche, la Hongrie, la Russie, l'Italie, en produisent ensemble, chaque année, deux milliards et demi de kilogrammes.

Chez nous, où la betterave est cultivée dans vingt-quatre départements du nord et de l'est, la production du sucre de betterave dépasse 400 millions de kilogrammes par an! Le sucre de canne, qui nous arrive encore par milliers de tonnes, peut manquer, nous ne manquerons pas de sucre désormais.

En 1700, la consommation du sucre, en France, s'élevait à peine à un million de kilogrammes; depuis quelques années, elle est supérieure à 500 millions de kilogrammes. Rapprochez ces deux chiffres, et voyez ce que le bien-être général a gagné depuis le commencement de la guerre de la succession d'Espagne.

Les substances aromatiques qu'on nomme épices, et qui relèvent le goût des mets, nous viennent des Indes

orientales. Ce sont, pour ainsi dire, les parfums de la
cuisine, comme l'eau de Cologne et le vinaigre de Bully
sont les parfums de la toilette. Elles ne nous ont apporté
aucun soulagement réel, et nous ne pouvons les consi-
dérer que comme d'aimables superfluités dont la privation ne nous causerait aucun dommage.   •

Les principales épices, les *quatre épices,* sont : le
poivre, la noix muscade, le clou de girofle et la cannelle. Viennent ensuite le gingembre, les câpres et le
piment qui, réduit en poudre, forme la base du cari.

Le poivrier, arbrisseau commun à Java, à Bornéo,
à Malacca, à Sumatra,
a soulevé des compé-
titions souvent terri-
bles entre les Euro-
péens qui se dispu-
taient les Indes.

Le voyageur Poivre
(un nom prédestiné),
né à Lyon, le 23 août
1719, et mort près de
cette ville le 6 janvier
1786, acquit son plus
beau titre de gloire
pendant qu'il était in-
tendant de Bourbon
et de l'île de France,

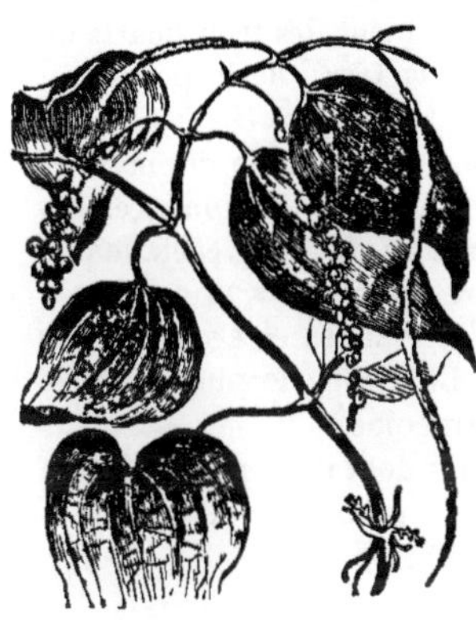

Le poivrier.

aujourd'hui Maurice (l'île Maurice appartenait en ce
temps à la France), en introduisant dans ces deux îles
la culture du poivrier, du giroflier et des autres épices.

Le poivre est depuis des siècles l'épice la plus estimée,
et il fut un temps où on désignait toutes les épices sous
le nom de *poivre* et où les épiciers étaient appelés poi-

vriers. Des caravanes l'apportaient d'Asie à Alexandrie, d'où les Vénitiens et les Génois le transportaient en Europe. Coûtant très cher, il fut offert en tribut et en cadeau.

A Aix en Provence, les juifs présentaient à la Noël, à l'archevêque, deux livres de poivre.

En 1107, le vicomte de Béziers ayant été tué dans une sédition, le fils de ce seigneur imposa aux bourgeois de la ville rebelle une contribution annuelle de trois livres de poivre.

Le poivre se maintenant à un taux élevé, il n'est guère de denrée qui soit plus abominablement falsifiée. Ce n'est pas du poivre que vendent, les trois quarts du temps, les épiciers : c'est de la terre, de la poussière, sous couleur de poivre.

Le giroflier, qui appartient à la famille des myrtes, est originaire des Moluques, qu'on a surnommées *îles aux épices*, à cause de la nature de leur végétation.

Le girofle vient après le poivre dans la cuisine; il assaisonne les sauces et les viandes et aromatise les confitures et les liqueurs. Le girofle le plus apprécié est celui de Ternate ou d'Amboine.

La muscade est un excitant dont il est prudent de ne pas abuser. On la prodiguait probablement au temps où Boileau écrivait (satire III) :

Aimez-vous la muscade? On en a mis partout.

Le muscadier est, comme le poivrier et le giroflier, un arbuste qui croît naturellement aux Moluques.

Partez, muscade ! disent les escamoteurs en faisant disparaître les petites boules de liège qui leur servent pour leurs tours de passe-passe. Imitons le cri de ces artistes forains et épuisons notre sujet.

Le cannellier est un charmant arbrisseau dont l'é-
corce séchée parfume également bien les liqueurs et la
pàtisserie. La cannelle la plus fine est celle de Ceylan.

Le câprier, que l'on cultive dans le midi de la France,
fournit des bou-
tons de fleurs qui,
confits dans le vi-
naigre, donnent
bon goût à plu-
sieurs sauces.

Le gingembre,
qu'on marie, en
Allemagne et en
Angleterre, avec la
venaison, est une
plante vivace, ori-
ginaire des Indes,
dont la racine sert
de condiment.

Le piment, ou
poivre long, ou
poivron, à fruit

Le giroflier.

long d'un rouge vif, est cultivé aux Indes et dans tous
les jardins potagers de nos départements méridionaux.

Signalons aussi l'anis, la coriandre, le fenouil et la
vanille, adoptés dans la confiserie et la pâtisserie.

La vanille, dont le parfum est si suave et les qualités
stimulantes si fortes, est un présent du Mexique. Or-
chidée parasite et sarmenteuse, la vanille, à l'instar du
lierre, s'attache aux arbres qu'elle rencontre et les
couvre.

Autrefois, en France, on appelait épices des dragées,
des bonbons, des confitures, dans lesquels il entrait de

la cannelle, de la coriandre, de l'anis, etc., qu'on mangeait après les repas et entre les repas, et qu'on offrait,

Noix muscade.

dans certaines circonstances, aux personnages de haute lignée, aux magistrats et aux avocats. Quand un plaideur avait gagné un procès, il donnait aux juges des épices. Il advenait même que pour être plus sûr de la victoire, il faisait ce présent avant le jugement. Par la suite, on remplaça les épices en nature par une taxe en argent,

La cannelle.

Le piment.

ce qui ne fut ni meilleur ni plus moral, et le mot épices reprit sa véritable acception.

Disons en terminant que, familièrement, ne pas épargner les épices dans son langage, c'est être mordant ou graveleux, et que l'emploi du poivre, du piment, du gingembre, de la muscade, de la cannelle et du girofle, dans ce sens, n'est pas celui qu'il convient de recommander.

LES BOISSONS

La première boisson de l'homme fut évidemment l'eau, comme les animaux des forêts, les poissons, les légumes herbacés, les racines et les fruits furent sa première nourriture; c'est celle d'où proviennent directement ou indirectement toutes les autres boissons; c'est la boisson essentielle, nécessaire à la vie.

Après elle viennent les boissons fermentées : bière, vin, cidre, etc.

Quand les races humaines sortirent de l'état sauvage, quand elles commencèrent à se dégager de l'animalité, c'est à améliorer leur nourriture qu'elles s'appliquèrent tout d'abord; si bien qu'on pourrait dire que la civilisation procède du ventre.

La culture des céréales, la fabrication du pain, des boissons fermentées, remontent à une très haute antiquité, et leurs inventeurs sont inconnus.

D'ailleurs, il est des inventions qui n'appartiennent en propre à aucun individu et qui jaillissent spontanément au milieu des sociétés prêtes à les recevoir.

Les bienfaits qu'apportèrent le pain et les boissons fermentées semblèrent si grands aux peuples primitifs

que, refusant de les attribuer à de simples mortels, ils
en rendirent grâce à des dieux.

C'est ainsi que Cérès devint la déesse des céréales et
Bacchus le dieu des vignes, et qu'aujourd'hui encore,

Bacchus.

en Chine, les deux principaux temples sont le temple
du Ciel et celui de l'Agriculture.

La découverte des boissons fermentées dut précéder
de beaucoup celle du pain.

« Exprimer le suc du raisin, dit M. Ferdinand Hœfer
dans son Histoire de la chimie, et mettre [en réserve
celui qu'on ne buvait pas immédiatement, c'était là
une idée qui pouvait se présenter à l'esprit du premier

venu. Or il suffisait de conserver ce suc dans des vases
ouverts pour le faire fermenter et le convertir en vin.
Une chose digne de remarque, c'est que le mot hébreu
yine, qui veut dire *vin*, signifie, d'après son étymologie,
produit de la fermentation. Ce même mot se retrouve,
avec de légères modifications, non seulement dans
toutes les langues sémitiques (phénicienne, syriaque,
arabe), mais dans tous les idiomes indo-européens ;
car l'*oinos* des Grecs ou le *vinum* des Romains a passé
dans toutes les langues néo-latines et germaniques,
comme l'attestent les mots *vino, wein, wine,* etc. Le
vin, en tant que simple produit de la fermentation alcoolique, s'offrit donc en quelque sorte spontanément
à ceux qui les premiers en firent usage. Nous laissons
ici, bien entendu, de côté les raffinements qu'y apporta
plus tard l'industrie. Mais, pour faire adopter le vin
comme boisson, il fallut soumettre l'appareil gustatif
à une véritable éducation ; car toutes les choses, même
celles qui finissent par flatter le palais, répugnent naturellement à l'homme qui n'en a pas l'habitude. Ainsi,
l'eau-de-vie ne fut longtemps qu'un médicament, et
pendant plus d'un demi-siècle on ne put s'accoutumer
au goût de la pomme de terre.

» Le jus de la treille eut bientôt ses succédanés. Le
suc du palmier et celui d'autres végétaux furent transformés en liqueur alcoolique par la fermentation. Les
céréales ne servaient pas seulement à faire le pain ; on
les faisait fermenter dans l'eau, pour en retirer une
boisson enivrante. La bière était une boisson aimée des
nations les plus diverses : elle se rencontrait chez les
Égyptiens et chez les Gaulois, et les Germains faisaient,
au rapport de Tacite, « un breuvage avec de l'orge, converti, par la fermentation, en une sorte de vin. » C'é-

tait, en effet, de la véritable bière. Hâtons-nous d'ajouter que le houblon étant d'un emploi récent, la bière des anciens devait facilement tourner à l'aigre.

» La connaissance du vin et de la bière fait supposer celle du *vinaigre;* car ces liquides, quoique déjà fermentés, peuvent, dans des conditions atmosphériques ordinaires, éprouver une seconde fermentation : dans celle-ci, il se produit de l'acide acétique aux dépens de l'alcool, de même que dans la première fermentation l'alcool s'était formé aux dépens du sucre contenu dans le suc fraîchement exprimé. Mais ce qui mérite surtout d'être signalé, c'est que le mot hébreu *khometz,* qui se retrouve dans toutes les langues sémitiques, a pour racine *khamets,* qui signifie *ferment,* de même que *yine,* vin, dérive du verbe *yavane,* faire effervescence, comme pour indiquer le mouvement (dû au dégagement de l'acide carbonique) qui se produit pendant la transformation du moût en vin. »

Les boissons fermentées varièrent à l'infini, suivant les produits du sol, mais la plupart eurent pour base le suc de fruits écrasés.

On peut les diviser en trois classes : les boissons par les fruits, les plus antiques; les boissons par les céréales, et les boissons par divers produits naturels sucrés, tels que le miel et le lait.

Ces dernières, à l'usage des peuples pasteurs ou agriculteurs, ne furent pas les plus mauvaises.

Le fameux *hydromel* n'est autre chose qu'un mélange de miel et d'eau; et c'est avec du lait de jument aigri que les Tatares font leur *koumis.*

Dans beaucoup de pays, divers arbres donnent une boisson toute préparée que l'homme se procure en faisant une incision au stipe, et qu'il reçoit dans des récipients aussi facilement que s'il tirait d'un tonneau, à l'aide d'une cannelle, un liquide quelconque.

De ce nombre est l'arbre à la vache des Caracas de l'Amérique, dont le tronc perforé fournit en abondance au voyageur un lait sain et bon comme celui de la vache; et le palmier vinifère, particulier à l'Afrique occidentale, qui donne un véritable vin que l'on extrait du moyen d'une simple blessure faite au tronc.

La sève du palmier vinifère est tellement sucrée qu'au bout de quelques heures elle se transforme, dans les calebasses des nègres, en une boisson des plus enivrantes et des plus alcooliques.

Des arbres de cette espèce fournissent, au printemps, une quantité de sève vineuse qui égale leur poids.

Étant donnés les éléments dont se composent partout les boissons fermentées, nous nous bornerons ici à parler, avec quelque détail, des boissons les plus connues, de celles dont il est possible d'esquisser l'histoire.

Ab Jove principium : commençons par le jus de la treille.

LE VIN

D'où vient la vigne? De la contrée comprise entre la mer Caspienne et la Méditerranée, assurent ordinairement ses historiens.

Peut-être doit-on étendre cet habitat jusqu'à l'Hindoustan. Aujourd'hui, si l'on veut délimiter la véritable patrie du vin, il faut tracer, sur la carte, une ligne de deux cent cinquante lieues de largeur, longeant l'extrémité de l'Europe méridionale, de la péninsule Ibérique à la Grèce, et remontant vers la mer Noire, pour aller se perdre au delà de la Perse.

Quant à la viticulture, elle a la plus nébuleuse origine.

D'après les Hébreux, Noé a planté la vigne l'année qui suivit le déluge biblique, 2347 ans avant Jésus-Christ; on connaît, à ce propos, l'histoire de la malédiction de Cham.

D'après les païens, le père des vignerons serait Bacchus ou Osiris, qu'on croit être le même personnage.

Bacchus ayant découvert la vigne autour de Nysa,
ville de l'Arabie Heureuse, aurait songé à en utiliser le
fruit, et après avoir bu, lui premier, du vin, se serait
empressé d'apprendre aux hommes à en boire.

De ces données on peut déduire l'ancienneté de la
vinification.

Nous aurions de la besogne si nous voulions suivre,
sur ce sujet, les auteurs de l'antiquité, les poètes, depuis
Homère jusqu'à Horace; les historiens, les géographes,
depuis Hérodote jusqu'à Diodore de Sicile. A quoi bon
entrer dans des détails qui deviendraient fastidieux en
se répétant? Disons seulement qu'au siècle de Périclès
les vignerons de la Grèce étaient passés maîtres, et
qu'on qualifiait de *nectar*, boisson des dieux, les vins
des crus fameux du beau pays hellénique.

Les Grecs enseignèrent aux Romains les secrets de la
viticulture, comme ils leur enseignèrent tant d'autres
choses; les élèves profitèrent des leçons des profes-
seurs, et les vins italiens, particulièrement ceux de la
Toscane, du Latium et de la Campanie, furent haute-
ment cotés.

On comptait, dans l'empire romain, au premier siècle
de notre ère, une centaine d'espèces de vins de qualité
supérieure, dont quarante-cinq ou cinquante appartenaient à l'Italie.

Les crus de Falerne, de Setia, de Sinuessa, de Fondi,
de Cécube, de Signia, avaient autant de prix qu'en ont
à présent nos bordelais, nos bourguignons de bonne
marque.

« Puisque j'ai parlé du vin, chante Horace dans sa
satire *le Faux Épicurien,* sachez comme il faut le trai-
ter. Un bon vin de Massique, exposé la nuit au vent
frais d'un ciel serein, se dépouille admirablement de

toute odeur irritante... Honte et malheur sur le mal-
appris qui se sert encore de la chausse, oubliant que la
maudite laine emporte à la fois la lie et le bouquet de
ce vin déshonoré !

» Plus d'un dégustateur habile ajoute au gros vin de
Sorrente un résidu des vins de Falerne. Il est bon de
jeter dans l'amphore un jaune d'œuf de pigeon, pour
précipiter cette lie au fond du vase, et le dégager de
ses impuretés... »

Les anciens transportaient le vin dans des outres de
peaux cousues : ce système dura longtemps ; puis ils se
servirent concurremment de tonneaux enduits de résine
à l'intérieur, et soufrés. Chez eux, ils mettaient le vin
en cave dans des jarres de terre cuite, énormes am-
phores pointues par le bas, qu'ils enterraient en partie
dans le sol, et dans lesquelles ils puisaient pour rem-
plir leurs bouteilles, dont le fiasco italien actuel donne
une idée assez exacte.

La culture de la vigne se généralisa tellement que
les princes essayèrent plusieurs fois de l'entraver.

Au temps de César, la vigne était très cultivée dans
le sud de la Gaule. En 92, une disette ayant désolé
l'empire, Domitien, sur les rapports de préfets à courte
vue, s'imagina que cette disette était due à la trop
vaste étendue des vignobles, et ordonna qu'une moitié
de ceux-ci fussent détruits.

Rigoureusement exécuté partout ailleurs qu'en Italie,
cet ordre ruina un tiers de notre territoire.

Cent quatre-vingt-dix ans plus tard, en 282, Probus
autorisa nos ancétres à replanter leurs vignes, et leur
offrit même, dans ce but, le concours des légions en
garnison chez eux.

En dépit de l'invasion des Barbares, des incessantes

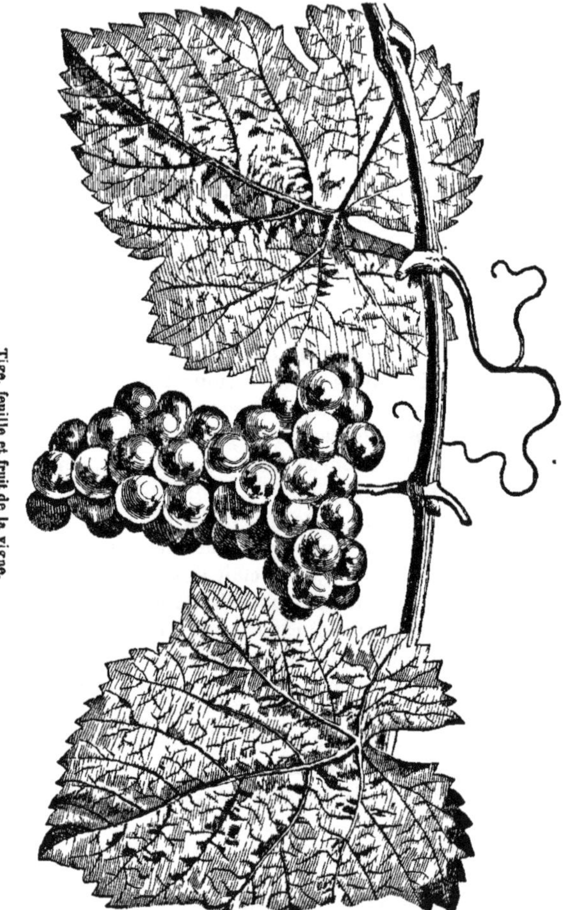

Tige, feuille et fruit de la vigne.

Domitien fait arracher les vignes du sud de la Gaule.

guerres du moyen âge, la vigne reprit possession du
sol français, celui qui lui convient le mieux, et on la
cultiva de la basse Seine au Rhône, et des Vosges aux
Pyrénées.

Rois, comtes, barons, marquis, grands et petits vas-
saux, eurent des vignes.

Au douzième siècle, les coteaux parisiens de la rive
droite et de la rive gauche de la Seine : Auteuil, Mont-
martre, Belleville, Bel-Air, la Maison-Blanche, Mont-
Parnasse, Vaugirard, qui composent aujourd'hui la plus
grosse portion de notre capitale, étaient couverts de
cépages.

Au treizième siècle, les vignobles de Gascogne et de
Saintonge avaient une réputation européenne, et le
commerce des vins entre Bordeaux et Londres attei-
gnait des chiffres considérables.

D'un bout à l'autre du royaume, on cultivait la
vigne.

La Picardie, la Normandie, la Bretagne, produisaient
du vin, au témoignage des chroniqueurs.

Les Bretons, dit Legrand d'Aussy dans son *Histoire
de la vie privée des Français,* prétendaient qu'il y avait
trois choses qui valaient mieux en Bretagne que dans
tout autre pays de France : les chiens, les hommes, et
le vin. François Ier, devant qui un noble breton soute-
nait ce vaniteux paradoxe, répliqua : « Pour les hommes
et les chiens, il peut en être quelque chose; mais pour
les vins, je ne puis en convenir, étant les plus verts et
les plus âpres de mon royaume. » Là-dessus, il rap-
porta l'histoire plaisante d'un chien qui, ayant mangé,
près de Rennes, une grappe de raisin, sentit inconti-
nent dans le ventre une telle aigreur que, pour se venger, il aboya de colère contre la vigne.

Peut-être le roi-chevalier avait-il raison, car il est peu question, à notre époque, du vin breton.

La culture de la vigne demeura libre en France jusqu'à Charles IX. Alors elle eut à subir des épreuves qui ne purent rien, du reste, contre sa nature exubérante.

En 1566, Charles IX, abusé comme Domitien, ordonna d'arracher une partie des vignes, dont *la trop grande abondance causait la disette,* ne comprenant point que ce n'étaient pas les vignobles, mais les affreuses discordes civiles et l'anarchie qui rendaient le pain et la viande rares.

Un édit royal décida que les vignes n'occuperaient, à l'avenir, que le tiers du terrain dans chaque canton, les deux tiers devant être convertis en labours et prés.

En 1577, Henri III, reprenant cet édit, recommanda aux officiers chargés de l'administration des provinces « d'avoir attention qu'en leurs territoires les labours ne fussent délaissés pour faire plants excessifs de vignes. »

En 1731, Louis XV, toujours sous le prétexte de disette, publia un édit qui interdisait toute nouvelle plantation de vignes, et déclarait que les vignobles qu'on aurait cessé de cultiver pendant deux ans seraient abandonnés dans la suite.

Ces restrictions persistantes eurent pour effet de détruire la vigne dans les provinces où elle ne donnait pas des produits exceptionnels, et de la reléguer dans les contrées où elle avait ses places fortes et d'où aucun édit ne pouvait l'expulser : en Champagne, en Bourgogne, en Languedoc et en Provence.

Ce qui se passait chez nous se produisait aussi dans les autres pays viticoles de l'Europe : en Espagne, en Italie, en Hongrie et en Grèce.

En Italie et en France, ce furent les ordres religieux

qui défendirent les bons vignobles avec le plus de ténacité.

Nos fameux crus de Bourgogne : Chambertin, Vougeot, Volnay, Pomard, etc., doivent autant aux monastères que les crus de Grotta-Ferrata, de Monte-Fiascone et d'Orvieto.

Les vins d'Espagne, de Hongrie, de Sicile, de Chypre, de Syrie, étaient autrefois de tous les galas, et on en faisait grande consommation dans les châteaux.

Schlosser mentionne, dans son *Histoire du dix-huitième siècle,* cette bizarre note de quelques dépenses de la maison de l'empereur d'Allemagne :

« A l'impératrice, pour boire avant de se coucher, tous les soirs, douze pintes de vin de Hongrie.

» Fourni deux pièces de vin de Tokay pour tremper le pain des perroquets de l'empereur.

» Pour un bain, quinze seaux de vin. »

Afin de donner aux vins de France le goût des vins précités, on les aromatisait, on les chargeait d'épices, on les transformait en médecines que nous trouverions détestables aujourd'hui. Témoin l'hypocras, où il entrait un amalgame de miel, d'épices et d'aromates d'Asie.

On prétend que l'hypocras tirait son nom du célèbre médecin Hippocrate, qui l'avait inventé. Quoi qu'il en soit, l'hypocras était un des plus estimés parmi ces vins mélangés d'épices que l'on recherchait au moyen âge. On regardait alors comme une merveille d'avoir réuni la force du vin, la douceur du miel et le parfum des aromates d'Asie.

On se servait pour faire l'hypocras de vins blancs ou rouges indifféremment. On employait aussi des vins étrangers : vins muscats, grenache, malvoisie, etc.

Les moines cultivant la vigne.

L'hypocras se buvait à jeun, comme le prouvent les *Mémoires* de Montluc. Parlant de vin grec qu'il but le matin, il ajoute : *comme on boit l'hypocras.* On le servait aussi au commencement ou à la fin du repas. Dans le premier cas il était accompagné de pâtisseries sèches, et dans le second d'un pain particulier. Jusqu'à la fin du dix-septième siècle, on servit de l'hypocras dans les festins. Il en est question dans la comédie des *Friands Marquis* ou des *Coteaux.*

Ce vin aromatisé était un des présents que les villes offraient aux rois lorsqu'ils faisaient leur entrée solennelle.

Jusqu'au commencement du dix-huitième siècle, il était d'usage que les apothicaires envoyassent de l'hypocras pour étrennes à leurs pratiques. Au jour de l'an, les échevins et le prévôt des marchands de Paris en offraient au roi. De son côté, le roi faisait des présents d'hypocras aux principaux seigneurs de la cour et aux officiers de sa maison. Cet usage durait encore à la fin du dix-huitième siècle. (¹)

. Le vin fait partie de la vie nationale en France; il en est question, dès les Mérovingiens, dans la plupart des actes publics ou privés.

Par exemple, rien n'était plus commun que les contributions en vin : le roi, les seigneurs, les villes, les communautés en recevaient et s'en servaient pour payer même la magistrature.

Les particuliers se libéraient ou acquittaient diverses prestations avec du vin.

Ainsi, un plaideur donnait le *vin du clerc* au secrétaire du tribunal où il avait été jugé; un père, le *vin*

___
(¹) Chéruel, *Dictionnaire historique des institutions de la France.*

du curé au prêtre qui baptisait son enfant ; un nouveau bourgeois, le *vin de bourgeoisie* au maire et aux échevins de la ville qui venaient de lui accorder le droit de cité

Des ordonnances de saint Louis consacrent ces coutumes.

Concluait-on une affaire, on devait le *vin du marché*, le *pot-de-vin*, au vendeur ou à celui qui avait été l'intermédiaire dans l'affaire.

L'expression *pot-de-vin* est restée ; mais, comme les redevances précédentes, le *pot-de-vin* se paye maintenant en argent.

Il y avait encore le *vin de noces*, réclamé par le curé qui célébrait le mariage. « Dans certains diocèses, dit M. Chéruel déjà cité, le prêtre, en bénissant la chambre nuptiale, mêlait ensemble du vin blanc et du vin rouge, comme symbole de l'union des deux époux. Dans le diocèse d'Amiens, le prêtre commençait par bénir le vin et le pain ; il faisait ensuite trois rôties au vin, l'une pour lui, l'autre pour les mariés, la troisième pour les amis et parents qui assistaient à la cérémonie. Après avoir pris la sienne, il donnait celle des mariés et terminait par celle des assistants ; ensuite il bénissait la chambre. Cet usage se trouve encore dans un rituel de l'année 1534. » Et plus loin : « Il était d'usage à Paris de donner du *vin aux condamnés à mort* que l'on conduisait au gibet de Montfaucon : on les faisait arrêter, en route, dans la cour des Filles-Dieu, où on leur donnait deux coups de vin à boire. Quand l'exécution se faisait dans Paris même, l'usage était de servir aussi *du vin aux juges* chargés d'y assister. C'était le bourreau qui le fournissait. Du moins, ce fut ce qui arriva, en 1477, à l'exécution du duc de

Nemours. Dans un compte de la prévôté de Paris, rapporté par Sauval, il est fait mention d'une somme de douze livres six deniers allouée au bourreau pour du pain, des poires et douze pintes de vin fournis à messieurs du Parlement et officiers du roi, étant aux greniers de la salle, pendant que le duc se confessait. »

Il n'était pas une réjouissance publique où le vin n'eût sa place.

La naissance, le couronnement, le mariage, les victoires d'un roi, donnaient lieu à l'érection de *fontaines de vin*, où le peuple pouvait boire deux ou trois jours durant.

Et les vendanges, quelles fêtes partout et en tous temps! Fêtes bruyantes, licencieuses souvent, mais d'où jamais l'éclatante gaieté n'était absente.

Legrand d'Aussy a tracé ce tableau des vendanges en France à la fin du siècle dernier[*]: « Les Gaulois païens promenaient autour de leurs vignes les statues de leurs dieux à l'époque des vendanges, et accompagnaient cette cérémonie de chants et de danses. Aujourd'hui encore, les vendanges donnent lieu, dans diverses contrées de la France, à des processions et à des fêtes. On y promène quelquefois la statue du saint patron, ornée de pampres et de raisins. Les vendanges elles-mêmes sont une véritable fête. Hommes et femmes, chacun un panier sous le bras, arrivent ensemble au pied du coteau. Là, tous s'arrètent et se rangent en haie. Le chef de la bande commence une chanson joyeuse, dont le refrain se répète en chœur. On monte ensuite, on se partage dans le vignoble, on se livre au travail qui, sans être interrompu, est égayé de temps en temps par des couplets nouveaux de quelqu'un des vendangeurs, ou par les quolibets avec lesquels on

agace les passants. Le soir, à peine a-t-on soupé que
la joie recommence. On danse en rond ; on chante

Les vendanges.

quelques-unes de ces chansons gaillardes qu'autorise
le moment et qui sont connues sous le nom de chan-

sons de vendanges. Bientôt la gaieté devient générale : maîtres, hôtes, valets, tous dansent de leur côté, et c'est ainsi que se termine une journée de travail qu'on prendrait presque pour un jour de divertissement. »

C'est encore à peu près de la sorte que les choses se passent, avec un peu moins de joie peut-être, et pas davantage de morale.

Le patron des vignerons, des vendangeurs et des tonneliers était saint Martin, évêque de Tours au quatrième siècle, qui cultiva la vigne dans l'abbaye de Marmoutier, qu'il fonda sur le bord de la Loire.

La fête de saint Martin (11 novembre) était l'occasion d'excès plus licencieux que ceux des vendanges; un synode d'Auxerre s'en occupa pour y mettre ordre.

Les marchands de vin, taverniers et hôteliers formaient à Paris une communauté à laquelle Henri III accorda, en mai 1584, des statuts que Louis XIII, Louis XIV et Louis XV confirmèrent.

Parmi les marchands de vin privilégiés, il en existait une douzaine appelée *cave des douze,* qui seuls avaient le droit de vendre le vin en bouteilles à la suite de la cour.

Nos pères caractérisaient singulièrement les différents vins. Pour eux : le *vin d'âne* était celui qui plongeait le buveur dans l'assoupissement; le *vin de cerf,* celui qui faisait pleurer; le *vin de lion,* celui qui rendait furieux, querelleur; le *vin de pie,* celui qui faisait parler; le *vin de cochon,* celui qui faisait vomir; le *vin de renard,* celui qui rendait subtil, malicieux; le *vin de singe,* celui qui faisait sauter et rire; le *vin de Nazareth,* celui qui remontait par le nez.

Les proverbes sur le vin étaient communs. Rééditons-en cinq ou six : « Vin sur lait, c'est souhait; lait sur

vin, c'est venin. — Vin usé, pain renouvelé, est le
meilleur pour la santé. —A bon vin ne faut point d'enseigne. — Où l'hôtesse est belle, le vin est bon. — Qui
bon vin boit, Dieu voit. » — Et le proverbe tiré de
l'Écriture : « Le bon vin réjouit le cœur de l'homme ;
Vinum bonum lætificat cor hominis. »

L'Espagne, l'Italie, l'Allemagne, la Hongrie, la Grèce,
continuent à produire des vins de qualité supérieure ;
l'Algérie, les États-Unis, l'Australie, l'Asie, les Indes
orientales, ont des plants d'un grand rendement ; mais
la *terre du vin* en Europe et dans le monde, c'est la terre
de France.

La superficie de nos vignobles s'élève à 2 320 533 hectares, produisant 60 à 70 000 000 d'hectolitres de vins
blancs ou rouges, qui donnent un revenu annuel de
1 400 à 1 500 millions.

Douze de nos départements, ceux du Nord, où le climat n'est pas assez chaud pour que le raisin y atteigne
une parfaite maturité, ne cultivent point la vigne.

Les vins de France peuvent se diviser en six catégories principales, que M. Paul Poiré classe de cette façon
dans son livre sur nos industries nationales :

1° Les vins de Bordeaux et leurs similaires, dont la
production s'étend dans dix-neuf départements. Le
département de la Gironde fournit les meilleurs vins
de cette classe : les Château-Laffitte, Château-Margaux,
Château-la-Tour, Château-Haut-Brion, Sauterne, Saint-
Émilion, sont connus par leur fraîcheur et leur bouquet ; aussi les nations étrangères font-elles dans la
Gironde des achats considérables. La production de ce
département surpasse 3 millions d'hectolitres.

2° Les vins de Bourgogne et leurs similaires, dont
la production s'étend dans douze départements. La

Côte-d'Or tient le premier rang par ses crus si fameux de Chambertin, Romanée, Vougeot, Corton, Beaune; elle fabrique environ un million d'hectolitres.

3º Les vins du Midi, qui ont en général un goût moins délicat que les précédents; mais ils sont très abondants et l'on y trouve quelques crus très estimés, celui de l'Ermitage, par exemple, dans la Drôme. Le département de l'Hérault fait à lui seul de trois à six millions d'hectolitres. Les vins de cette classe proviennent de dix-sept départements.

4º Les vins de l'Est sont produits dans douze départements. Le Jura est celui qui donne les plus remarquables; ceux d'Arbois sont très estimés.

5º Les vins mousseux, qui recoivent des soins et des préparations spéciales, modifiant leur nature primitive. Nous citerons ceux de Champagne, qui tiennent toujours le premier rang, ceux de la basse Bourgogne et notamment ceux de Chablis, Tonnerre, Épineuil; ceux de Tours, Vouvray et Rochecorbon.

6º Les vins de liqueur, que fournissent quelques départements méridionaux, parmi lesquels on distingue les vins muscats de Frontignan, de Rivesaltes et de Lunel. A Cette, on fabrique de remarquables imitations des vins d'Espagne.

Pour obtenir du bon vin, il ne faut vendanger que quand le raisin est bien mûr et qu'il a toutes ses qualités : alors, vite, par les vignes, des légions de vendangeurs et de vendangeuses armés de ciseaux ou de sécateurs pour couper les grappes.

La fabrication du vin comprend quatre opérations principales : le foulage du raisin, la fermentation du moût, le décuvage et le pressurage. Si nous ajoutons à cela le soutirage et le collage, la clarification, nous

Le cellier de vendange du clos Vougeot.

aurons, sauf les perfectionnements particuliers à telle ou telle région, les bases de la vinification dans tous les pays.

Les vins liquoreux : le tokay, les vins d'Espagne, de Sicile, et les vins mousseux, le champagne, dont le sucre est l'élément dominant, exigent des procédés plus compliqués et plus coûteux.

C'est l'alcool qui communique aux vins, ainsi qu'à toutes les boissons fermentées, leur propriété enivrante.

En vieillissant, les vins perdent leur acidité naturelle; mais à la longue ils perdent aussi leur force et leur bouquet; il convient donc de les boire lorsqu'ils ont un âge raisonnable.

En tout temps l'esprit malfaisant des sophisticateurs s'est exercé sur le vin. Une ordonnance du prévôt de Paris portait que « pour empêcher les mixtions et les autres abus que les taverniers commettaient dans le débit de leurs vins, il serait permis à toutes personnes qui prendraient du vin chez eux, soit pour boire sur le lieu, soit pour emporter, de descendre à la cave et d'aller jusqu'au tonneau pour le voir tirer en leur présence », garantie dérisoire au fond.

« En traitant le vin par la litharge (oxyde de plomb), fait observer M. F. Hœfer, *Histoire de la chimie,* on en corrigeait l'acidité. Mais par cette addition il se produisait du sucre de Saturne (acétate de plomb), qui est un poison. D'anciennes mesures de police mentionnent plusieurs cas d'empoisonnement dus à cette falsification. C'est ainsi que des vignerons d'Argenteuil furent punis d'une forte amende pour avoir mis de la litharge dans leurs vins, afin de leur donner une couleur plus vive, plus de feu, et en diminuer la verdeur. »

Les droits énormes d'octroi qui pèsent sur le vin, loin de diminuer la fraude, l'ont augmentée dans de déplorables proportions, et le jour n'est pas éloigné où il sera urgent, dans l'intérêt de la santé publique, d'adopter des dispositions énergiques contre les falsificateurs des vins.

Le vin est la première des boissons, après l'eau; c'est la boisson alimentaire par excellence ét celle qui exerce l'action la plus salutaire sur nos organes, quand elle est prise à dose rationnelle; les précautions compatibles avec notre droit public qui auront pour objet de la faire arriver pure aux consommateurs seront donc les bienvenues.

Nous ne terminerons point cet aperçu sans parler des vins des coteaux pierreux des bords du Rhin, dont la réputation est européenne.

Les vins du Rhin sont surtout des vins blancs; quelques-uns se rapprochent de nos mousseux de Champagne et de la basse Bourgogne.

Les vieux châteaux, les villes pittoresques bordant les rivages, les souvenirs de l'histoire, le charme de la poésie, ne sont pas les seules raisons qui attirent un si grand nombre d'étrangers et font d'un voyage sur le Rhin un des impérieux devoirs de l'homme de loisir, Allemand ou Français, Russe, Anglais ou Américain, dit M. Élisée Reclus dans sa *Nouvelle Géographie universelle*. Les falaises schisteuses du défilé rhénan sont aussi devenues célèbres à cause de leurs vignobles, qui d'ailleurs, s'ils ont contribué à la gloire du Rhin, n'en ont certainement pas accru la beauté. Les fragments effrités du schiste glisseraient du haut en bas des escarpements, emportant le peu de terre végétale qui les recouvre, si des arbres et des brous-

sailles ne les retenaient dans leur chute, ou si l'homme
ne les arrêtait par des murs de pierre sèche. En dé-
frichant les pentes pour y planter des vignes, il a
donc fallu que le cultivateur prît soin de soutenir les
terres au moyen de terrasses disposées en forme de
gradins. La colline se trouve ainsi décorée de guir-
landes de pampres, verts en été, jaunes en automne,
que séparent des murs parallèles de pierre couleur de
rouille. Souvent les pierres s'éboulent, les pluies creu-
sent des ravines sur la pente ; il faut alors ramasser la
terre entraînée et la reporter au pied des ceps déchaus-
sés. Dans les bonnes années, ce dur labeur est riche-
ment payé : car les bons crus de ces vignobles sont
parmi les plus appréciés de l'Europe à cause de leur
bouquet et de leur finesse de goût. Le vin du Rhin,
quelle que soit du reste sa valeur réelle parmi les
grands crus, est certainement celui de tous qui a été
le plus chanté : innombrables sont les poèmes qui le
célèbrent. C'est l'un des principaux motifs de la poésie
germanique, et, comparées à ce flot de vers, combien
discrètes sont les quelques belles chansons inspirées
par les vins exquis du Bordelais, du Roussillon, de la
Bourgogne ! Les auteurs allemands qui parlent en prose
des vins de leur pays se laissent entraîner à des en-
thousiasmes qui nous étonnent. « Les vins français,
italiens, espagnols, sont des boissons sans pensée, dit
Wilhelm Bruchner; on les boit parce qu'ils ont bon
goût, mais en buvant le vin du Rhin on pense. » D'ailleurs, « l'Allemand seul sait bien boire le vin. »

Au premier rang des vins du Rhin, et spécialement
des vins de choix qu'on fait entre Mayence et Bingen,
il convient de placer le johannisberg.

Le château de Johannisberg couronne une colline

Château de Heidelberg.

élevée de 113 mètres au-dessus du Rhin, à peu de distance de l'endroit où le fleuve atteint sa plus grande largeur, et cette colline est entièrement couverte de vignes. M. Adolphe Joanne raconte ainsi l'histoire de ce cépage célèbre :

Ce sont des moines qui ont planté les premières vignes du Johannisberg. D'après d'anciennes chroniques, Ruthard, archevêque de Mayence, fonda en 1106 sur cette colline un prieuré, converti vingt et un ans plus tard en un monastère, sécularisé en 1567, après avoir été incendié en 1552 par le margrave Albert de Brandebourg. Pendant la guerre de Trente [ans, les Suédois détruisirent les débris que les flammes avaient laissés debout. En 1716, l'abbé de Fulda, s'étant rendu acquéreur de la colline, y rebâtit non plus un couvent, mais un château, et y fit replanter de la vigne. Il y récolta bientôt un vin excellent. On ne vendangeait jamais sans un ordre écrit de sa main. Une année, l'ordre n'arriva que lorsque les raisins étaient déjà à moitié pourris : on n'en vendengea pas moins, et le vin s'en trouva meilleur. Depuis lors, la vendange s'est toujours faite, au Johannisberg, quinze jours plus tard que partout ailleurs. Les meilleurs crus sont ceux qui avoisinent le château : on appelle le vin qu'ils produisent *Schloss Johannisberger;* les autres sont inférieurs en qualité. Aussi, quand on vendange, on ramasse avec une fourchette particulière tous les grains qui se détachent des grappes, et on verse dans des cuves distinctes les raisins soigneusement triés. La propriété a une étendue d'environ 63 arpents. Année commune, elle rapporte de 75 000 à 80 000 flacons. Un fût de 1 350 bouteilles a été vendu une année 18 000 florins, c'est-à-dire plus de 27 francs la bouteille. C'est le prix le plus

élevé qui ait jamais été atteint. Les acquéreurs étaient,
par moitié, le roi d'Angleterre et le roi de Prusse. Le
vin est toujours livré en bouteilles, avec le cachet du
prince. En 1802, le prince d'Orange (le roi des Pays-
Bas, Guillaume Ier) avait acheté cette importante propriété ; mais en 1805 Napoléon en fit don au maréchal
Kellermann (duc de Valmy), qui la conserva jusqu'à
l'époque où l'empereur d'Autriche en gratifia le prince
de Metternich.

Après le *Schloss Johannisberger* il faut tirer l'échelle ;
c'est ce que nous ferons en passant la plume à Victor
Hugo pour décrire la *grosse* curiosité vinicole des bords
du Rhin, une curiosité de bois : le monstrueux tonneau
du château de Heidelberg, qui, dans son caveau, présente l'aspect « d'un navire sous la cale. »

« … On descend, la voûte est obscure, la crypte est
recueillie, les soupiraux jettent un demi-jour religieux ;
on s'attend aux tombeaux des palatins : on trouve une
grosse tonne, une fantaisie pantagruélique, un trône
pour un Ramponneau colossal. Quand on aperçoit cette
chose étrange, on croit entendre dans les ténèbres de
cette ruine l'immense éclat de rire de Gargantua.

» Le gros tonneau dans le manoir de Heidelberg,
c'est Rabelais logé chez Homère.

» Le gros tonneau, couché sur le ventre, présente
l'aspect d'un navire sous la cale. Il a vingt-quatre pieds
de diamètre et trente-trois pieds de long. Il porte à sa
face antérieure un écusson rocaille où est sculpté le
chiffre de l'électeur Charles-Théodore. Deux escaliers
à deux étages serpentent alentour et montent jusqu'à
une plate-forme posée sur son dos. Il contient deux
cent trente-six foudres, chaque foudre contient douze
cents doubles bouteilles ; d'où il suit qu'il y a dans la

grosse tonne de Heidelberg cinq cent soixante-six mille
quatre cents bouteilles ordinaires. On la remplissait
par un trou percé dans la voûte au-dessus de la bonde,
et on la vidait avec une pompe qui est encore là, sus-
pendue au mur. Cette futaille monstre a été pleine trois
fois de vin du Rhin. La première fois qu'elle fut rem-
plie, l'électeur dansa avec sa cour sur la plate-forme
qui la surmonte. Depuis 1770 elle est vide.

» Le vin s'y améliorait.

» Au reste, cette tonne n'est pas l'ancien gros tonneau
de Heidelberg, couvert de si curieuses sculptures et
construit en 1595 par l'électeur Jean-Casimir, pour so-
lenniser je ne sais quelle réconciliation de luthériens et
de calvinistes. Charles-Théodore l'a fait démolir vers
1750 pour bâtir celui-ci, qui est plus grand, mais
moins orné.

» Outre le gros tonneau, les caveaux du château palatin, dont les profondeurs s'ouvrent de toutes parts
comme des antres, renfermaient ce qu'on appelait les
petits tonneaux. Ces petits tonneaux n'avaient guère
que la hauteur d'un premier étage. Il y en avait dix ou
douze. Il n'en reste plus qu'un, qu'on m'a montré dans
sa cellule, à quelques pas de la grande tonne. Il ne con-
tenait que le cinquième du gros tonneau. C'est un fort
bel assemblage de douves en bois de chêne, fabriqué au
temps de Louis XIII, orné par les électeurs palatins de
l'écusson de Bavière et de trois têtes de lion sur chacune
de ses faces, et par les soldats français de quelques
coups de hache. C'était en 1799. Le tonneau était plein
de vin du Rhin; nos soldats voulurent l'enfoncer. Le
tonneau tint bon. Ils avaient brisé les murailles de la
citadelle, ils ne purent faire brèche au tonneau. Ce tonneau est vide depuis 1800. » (*Lettres à un ami.*)

Le gros tonneau du château de Heidelberg a été construit en 1751; sa contenance est de 283 000 bouteilles
ordinaires. Victor Hugo a doublé ce chiffre.

En face de cet énorme vaisseau est une statue de bois
représentant un petit vieillard bizarrement accoutré;
près de cette statue se trouve une horloge, de laquelle
pend une ficelle. Quand on tire celle-ci, l'horloge s'ouvre
brusquement, et il en sort une queue de renard qui
vous frappe au visage. L'horloge bouffonne est une invention du petit vieillard, qui fut bouffon du palatin
Charles-Philippe, se nommait *Perkeo,* ressemblait à sa
statue, n'avait pas plus de 1^m.30 de hauteur, et buvait
quinze doubles bouteilles de vin du Rhin par jour!
C'était beaucoup de liquide pour un si petit vase.

Brême possède aussi des tonneaux fameux dans les
caves de son Hôtel de ville; on les appelle : *la Rose* et
les douze Apôtres; ils ont des dimensions colossales, et
sont remplis de vin du Rhin ayant, dit-on, cent cinquante ans d'âge. On vend ce vin au verre ou à la bouteille : 11 ou 12 francs la bouteille. Des gens qui en
ont bu nous ont assuré que c'était trop cher.

Si le vin des tonneaux de Brême a effectivement un
siecle et demi, ce n'est plus, en effet, que du vin
mort.

LE VINAIGRE

Qu'est-ce que le vinaigre. — La mère du vinaigre. — L'acétification.
Corporation des vinaigriers. — Vinaigre et citron.

Le vinaigre, *vin aigre,* provient le plus souvent de vin altéré, de marc fermenté de raisin; on le tire d'ailleurs de tout liquide alcoolique aigri par l'oxygène de l'air, oxygène qui change l'alcool en acide acétique.

Le vinaigre le plus estimé est le vinaigre de vin. On apprécie particulièrement celui de l'Orléanais.

Afin d'accélérer l'acétification des liquides alcooliques, on y plonge un ferment appelé *mère du vinaigre,* qui est usuellement composé de copeaux de hêtre.

On peut fabriquer du vinaigre chez soi, sans fatigue et sans dépense excessive : il suffit, pour cela, de soumettre à l'action du pressoir le marc fermenté du raisin, ou de placer dans un endroit chaud de la maison un tonneau de vin aigre; ce vin ne tarde pas à s'altérer, et l'on peut alors puiser indéfiniment dans le tonneau, en remplaçant au fur et à mesure, par du vin, potable ou aigri, le liquide qu'on enlève.

En France, les vinaigriers firent d'abord partie d'une corporation dite des *sauciers, moutardiers, vinaigriers, distillateurs en eau-de-vie et esprit-de-vin et buffetiers,* dont les premiers statuts datent de 1394.

En 1537, les sauciers et distillateurs s'étant séparés de leurs confrères, les vinaigriers firent bande à part. Une ordonnance de 1776 les réunit aux limonadiers.

Vinaigrerie à Orléans.

Chez les vinaigriers, l'apprentissage était de quatre ans et le compagnonnage de deux ans. Le brevet coûtait 70 livres, et la maîtrise 700. La fête patronale de la corporation était la Nativité de la Vierge.

Le vinaigre est plutôt un condiment qu'une boisson; néanmoins, il devait, dans notre travail, avoir sa place après le vin d'où il procède.

Comme assaisonnement, le jus de citron tient avantageusement lieu de vinaigre dans bien des cas.

LA BIÈRE

L'usage de la bière est presque aussi ancien que celui du vin ; on le trouve répandu en Égypte, aux époques pharaoniques.

Selon Hérodote, Strabon, Athénée, les Égyptiens buvaient du *vin d'orge,* ou boisson faite avec de l'orge fermentée. Diodore de Sicile (livre I) nomme cette boisson *zithos.* C'est proprement la bière.

Les Gaulois du nord, les Germains, les Scandinaves, qui n'avaient pas plus de vignobles que les Égyptiens, en buvaient également.

« On remarque dans la plus grande partie de la Gaule (il s'agit évidemment des contrées comprises entre la Meuse et l'Elbe), dit Diodore (livre V), un phénomène trop particulier pour omettre d'en parler ici. Les vents du couchant d'été et ceux du nord y soufflent habituellement avec tant de violence et de force, qu'ils soulèvent la terre et emportent des pierres grosses comme le poing et une épaisse poussière de gravier. Enfin, de violents tourbillons arrachent aux hommes leurs armes et leurs vêtements, et enlèvent les cavaliers de leurs chevaux. L'excès de froid altère tellement le climat, que la vigne et l'olivier n'y croissent pas. C'est pourquoi les Gaulois, privés de ces fruits, font avec de l'orge une boisson appelée *zithos*. Ils font aussi tremper du miel dans de l'eau, et s'en servent en guise de boisson. Aimant jusqu'à l'excès le vin que les marchands leur apportent sans mélange, ils en boivent si avidement que, devenus ivres, ils tombent dans un profond sommeil ou dans des transports furieux. Aussi beaucoup de marchands italiens, poussés par leur cupidité habituelle, ne manquent-ils pas de tirer profit de l'amour des Gaulois pour le vin. Ils leur en apportent, soit dans des bateaux sur les rivières navigables, soit sur des chars qu'ils conduisent à travers le pays plat ; en échange d'un tonneau de vin, ils reçoivent un jeune esclave, troquant ainsi leur boisson contre l'échanson. »

Les barbares, les sauvages, ont de l'analogie entre eux : c'est avec l'alcool que les navigateurs modernes captèrent les peuplades de l'Afrique, de l'Amérique et de l'Océanie.

Pline ne nomme pas *zithos* la bière gauloise, mais *cervisia,* d'où l'on a fait plus tard *cervoise,* nom que la bière a gardé pendant des siècles.

Suivant le même auteur, le grain avec lequel on fabriquait la *cervisia* s'appelait *bance.* Le Grand d'Aussy voit là l'étymologie de *brasseur* et de *brasserie.* Ne le contrarions point, et poursuivons.

La bière, possédant au plus haut point les propriétés nutritives et excitantes, devint la boisson commune au moyen âge, l'époque des disettes.

On a calculé qu'un litre de bière de Strasbourg nourrit autant le consommateur que le font 48 grammes de pain.

Cela seul explique la généralisation de la bière, qui

ne parvint cependant pas à détrôner le vin, n'ayant ni les qualités stimulantes, ni le fumet, ni la saveur de celui-ci.

Au treizième siècle, on distinguait plusieurs espèces de bières, entre autres la bière appelée *godale,* des mots *good ale* (bonne ale, bière anglaise), d'où est venu le verbe *godailler,* boire de la *godale,* et le substantif *godailleur,* grand buveur de godale, ivrogne.

Le verbe *gobelotter,* user du gobelet, boire souvent, et le substantif *gobelotteur,* qui abuse du gobelet, ont une origine analogue à celle de godailler et de godailleur, mais exclusivement française.

Le mélange d'épices, pour donner à la cervoise du montant, date d'une époque plus reculée, et jusqu'au seizième siècle nos pères firent cas des bières mixtionnées.

La bière simple était peu estimée; de là est venue l'expression proverbiale : *C'est de la petite bière,* pour indiquer un homme ou une chose qui mérite peu de considération.

Les brasseurs formaient en Allemagne, en Flandre, en Angleterre, de puissantes corporations, dont les chefs jouèrent, à maintes époques, des rôles politiques.

A Paris, la communauté des *cervoisiers* passait pour une des plus anciennes. Ses statuts réglaient la fabrication de la bière, et portaient « que nul ne peut faire cervoise, sinon d'eau et de grain, à savoir d'orge, de méteil ou de dragée; que quiconque y mettra autre chose, comme baye, piment ou poix-résine, sera condamné à vingt sous d'amende, et ses brassins confisqués. »

Renouvelés en 1359 et en 1489, ces statuts disaient encore : « Les brasseurs seront tenus de faire la bière et cervoise de bons grains bien germés et brassinés, sans y mettre ivraie, sarrasin, ni autres mauvaises matières, sous peine de quarante livres parisis d'amende; les jurés visiteront les houblons avant qu'ils soient employés, pour voir s'ils sont mouillés, chauffés, moisis et gâtés, afin que s'ils sont trouvés défectueux, les jurés en fassent rapport à la justice, pour faire ordonner qu'ils seront jetés à la rivière. Aucuns' vendeurs de bière et cervoise en détail n'en pourront vendre, si elles ne sont bonnes, loyales et dignes d'entrer au corps humain, sous peine d'amende arbitraire et confiscation. »

Ces prescriptions, imposées par l'autorité, prouvent que la sophistication de la bière était aussi commune que celle du vin.

L'apprentissage de brasseur durait cinq ans, et le compagnonnage trois ans. Le brevet coûtait, à partir du seizième siècle, 24 livres, et la maîtrise 2 400. Les brasseurs s'étaient placés sous le protectorat de la Vierge.

La bière se prépare, en principe, avec l'orge et le houblon; mais on peut y ajouter d'autres produits, suivant l'espèce et la force qu'on veut obtenir.

La composition des bières anglaises, belges, allemandes, est très variée.

Les principales opérations de la fabrication de la bière sont : le *maltage*, pour faire naître la diastase dans le grain d'orge, autrement dit le principe qui transforme l'amidon en sucre; la *saccharification* ou *brassage*, dont le but est d'amener la diastase à agir sur l'amidon du grain, de transformer cet amidon en sucre, et de dissoudre ce sucre dans l'eau; la *fermentation*, destinée à convertir le sucre en alcool.

Touraille, cuves-matières et bassins refroidisseurs, dans une brasserie de Londres.

Tout cela est assez compliqué.

Les bières renommées sont celles de Vienne, de Bavière, de Strasbourg, de Lyon, de Louvain, de Bruxelles et de Londres.

A Paris, la consommation de la bière s'accroît chaque jour; à Londres, elle dépasse annuellement le chiffre de dix millions d'hectolitres.

Aussi, les brasseries de la capitale de la Grande-Bretagne, avec leurs *cuves-matières* gigantesques, leurs immenses ateliers, leurs armées d'ouvriers, leurs vastes écuries remplies de chevaux robustes, sont-elles saisissantes pour l'étranger.

En les parcourant, on se croirait dans les celliers d'un peuple de géants.

LE CIDRE ET LE POIRÉ.

Rien de simple comme la fabrication du cidre : on écrase les pommes sous une meule ou dans un moulin appelé *grugeoir ;* on abandonne la pulpe pendant vingt-quatre heures dans des cuves de bois où elle prend une teinte rougeâtre ; puis on la met au *pressoir* où elle donne un jus que l'on filtre au tamis de crin, jus qu'on laisse fermenter et dont le sucre se transforme en alcool et en acide carbonique.

A partir de ce moment, le cidre est fait et l'on peut le mettre en bouteilles ou en tonnes, selon qu'on désire du cidre mousseux ou du cidre de table.

Partout où il y a eu des pommiers, on a connu le cidre ; or, comme le pommier est un arbre indigène à la Gaule, tout porte à croire que les Gaulois étaient initiés à la fabrication, si élémentaire, du cidre, et que nous ne sommes redevables de cette boisson ni aux Mores, ni aux Navarrais, ni aux Biscayens, ainsi que le prétendent quelques écrivains.

Il est néanmoins rationnel d'admettre qu'au moyen âge nos caboteurs normands ont rapporté de l'Espagne, qu'occupaient les Mores, ces agriculteurs achevés, des pommiers de belle espèce qui ont enrichi les vallons de Normandie.

Nous le croyons d'autant plus volontiers que l'usage

Tour à piler les pommes et ancien pressoir à cidre de Normandie.

du cidre s'est brusquement développé en France à la fin du onzième siècle, c'est-à-dire qu'à cette époque il marcha de pair, dans l'est, avec l'usage du vin et celui de la bière.

L'Allemagne, la Russie, l'Angleterre, l'Amérique, produisent de bons cidres; quant au cidre le plus estimé, c'est celui de notre Normandie.

La France fabrique annuellement 8 millions d'hectolitres de cidre; valeur : 60 millions de francs.

Les variétés de cidres sont très nombreuses.

Le cidre a eu ses chantres, aussi bien que le vin; citons ces strophes que lui adresse Olivier Basselin dans un de ses vaux-de-vire :

> Le bon sidre, en dit-on rien?
>   Il vaut bien
> Que quelque chose on en die;
> Et certes qui m'en croiroit,
>   On n'auroit
> Autre boire en Normandie.
>
> Le beuvrage composé
>   N'est prisé.
> Aussi, je laisse la bière
> Aux Anglois et Allemans
>   Et Flamans,
> Qui ont l'ame roturière.
>
> Jamais pour bon n'advoueray
>   Le poiré :
> C'est un nuisible beuvrage.
> Toutefois, je le permets
>   Aux valets,
> Qui n'ont point soin du mesnage.
>
> S'il y a sidre excellent,
>   Bien souvent

> On l'aime sur tout beuvrage.
> Tu es, bon sidre orangé
>   (Tout songé),
> Un bon meuble de mesnage.

Le poiré, qu'Olivier Basselin permettait aux valets qui n'avaient pas soin du ménage, et qu'il déclarait un nuisible *beuvrage,* est une boisson faite avec des poires, et deux fois plus capiteuse que le cidre.

Le poiré enivre vite lorsqu'il est vieux; il convient alors de s'en défier.

« Ils se servent plus du sidre ou pommé et du poiré que de la bier, a écrit O. de Serres en parlant des Normands; partout où ces boissons sont en usage, l'on appelle pommé le jus de pomme, et poiré celui de poire; particulièrement en la haulte Normandie, en la Brie, et en certains endroits de la Picardie, sidre, toute liqueur procedante des pommes et des poires, meslée ou distincte; mais en la basse Normandie, comme en Cotentin, Bessin, païs de Caux, et autres, esquels ce breuvage est le mieux cogneu, aussi à Rouen, par le sidre est seulement entendu le jus procedant des pommes, demeurant le nom de poiré particulier à celui des poires. »

De même qu'on a fabriqué du cidre où il y a eu des pommiers, on a fabriqué du poiré où il y a eu des poiriers.

On boit maintenant du poiré dans toutes les régions où l'on boit du cidre.

L'Orne, le Calvados, la Manche, fournissent chez nous le plus fin et le plus agréable au goût.

Le poiré bouilli à la sortie du pressoir donne un résidu avec lequel on fait un raisiné que les enfants considèrent comme de l'ambroisie.

L'ALCOOL

Les anciens, qui fabriquaient de si bons vins, devaient
connaître l'alcool, mais peut-être en buvaient-ils rarement.

L'habitude de prendre, à titre de boisson, cet excitant, est moderne.

Au quinzième siècle, l'alcool n'était qu'une médecine.
Un manuscrit du temps, conservé à la Bibliothèque nationale de Paris sous le numéro 7478, contient ce passage : « Eau-de-vie vault à toutes manières de douleurs
qui peuvent venir par froidure et par trop grande abondance de fluide, et la dite eau vault aux yeux qui lar-
moyent et pleurent souvent. Elle vault aussi à toutes
personnes qui ont haleyne puante et corrompue. Elle
vault contre hydropisie qui procède et vient de froide
chose ; contre maladies qui sont incurables ; contre plaies
qui sont pourries et infectes ; contre apostesme qui peut
survenir à la main des dames ; contre morsures de bêtes
venimeuses ; etc. »

L'eau-de-vie était le grand remède des médecins,
comme la saignée, le remède qui rendait *la vie ;* d'où son
nom ; ce n'est qu'au milieu du quinzième siècle qu'elle
passa du comptoir de l'apothicaire à celui du cabaretier.

Or, l'eau-de-vie est un mélange d'eau et d'alcool.

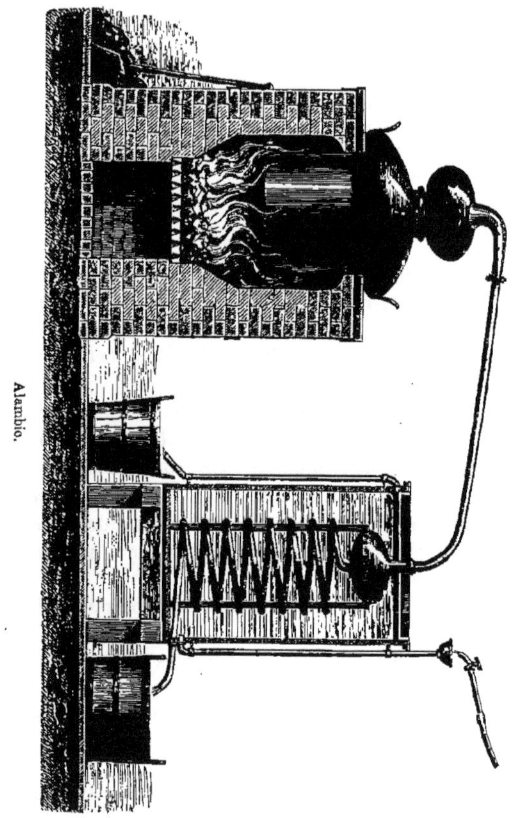

L'alcool absolu ou anhydre, l'alcool pur, de 100 de-

grés, n'est qu'un produit de laboratoire ; l'alcool proprement dit n'a que 96 degrés au plus ; l'eau-de-vie varie
entre 37 et 60 degrés ; les esprits sont des alcools de 78
à 92 degrés.

Pour que l'alcool soit buvable, il faut qu'il contienne
40 ou 60 parties d'eau sur 100, qu'il soit à l'état d'eau-
de-vie.

L'alcool, on prétend que le mot est arabe, ce qui ne
prouverait nullement que nous devons la découverte
de la chose aux Arabes, l'alcool est un principe que
possèdent en germe toutes les boissons fermentées, et
qui est le résultat de la décomposition du sucre dont
ces boissons sont chargées.

On l'obtient au moyen de la distillation, opération
simple qui consiste à provoquer, par le feu, son évaporation.

L'alcool, étant plus léger que l'eau, s'évapore le
premier, et sa vapeur est recueillie dans un récipient.
Rien de plus facile.

La plupart de nos vignerons font eux-mêmes leur
eau-de-vie.

Les appareils de distillation ont reçu des perfectionnements qui les ont singulièrement éloignés de l'alam-
bic primitif ; ces appareils ont été inventés pour l'industrie distillatoire.

On peut extraire de l'alcool de tous les liquides qui
contiennent du sucre : vin, bière, cidre, poiré, jus de
betteraves, de pommes de terre, jus de cerises, etc. ;
mais le meilleur est celui que donne le vin, le bon vin,
le bon vin blanc, et qu'on appelle *brandevin*, de l'allemand *brantwein*.

Les eaux-de-vie de Cognac, si justement fameuses,
proviennent ordinairement de vins blancs.

La Saintonge, l'Angoumois, le Languedoc, la Provence, peuvent être considérés comme les pays classiques du brandevin.

Notons que l'eau-de-vie est sans couleur, comme l'eau, et qu'elle ne se colorerait pas si on la mettait tout de suite en bouteilles, au lieu de la renfermer dans des tonneaux de chêne, où elle dissout la matière colorante du bois, et se teint ainsi d'un jaune d'ambre.

L'eau-de-vie s'améliore en vieillissant.

Le *vin de cerises* distillé produit un alcool d'une force extrême et d'un goût très fin, que l'on appelle *kirsch*, *kirsch-wasser*, expression allemande qui veut dire *eau de cerises*.

La Lorraine, l'Alsace, le Wurtemberg, le pays de Bade, la Forêt-Noire, sont les contrées de l'Europe qui produisent le plus de kirsch.

Le kirsch paraît être moins ancien que l'eau-de-vie; du moins il n'en est guère question en France, à titre de boisson, qu'au dix-septième siècle.

Le *genièvre*, dont la consommation est si considérable en Belgique et en Hollande, est un alcool de seigle et d'orge, dans lequel on a fait infuser des baies de genièvre, en quantité variable.

Le *gin* (prononcez *djin*), l'eau-de-vie par excellence en Angleterre, le *whiskey* ou *whisky* (prononcez *ouiski*), qu'on fabrique en Écosse et en Irlande avec l'orge et l'avoine, et qui contient 60 à 75 pour 100 d'alcool, ne diffèrent pas beaucoup du genièvre des Pays-Bas.

Du reste, toutes les eaux-de-vie de ce genre sont des alcools plus ou moins trempés d'eau et additionnés du suc de quelque plante.

Le *rhum* est un alcool tiré de la mélasse du sucre de canne. Certains écrivent *rum*, ce qui est la meilleure

Moulin à canne à sucre pour la fabrication du sucre.

orthographe, étant l'orthographe des Anglais, qui nous ont transmis ce produit, dit Littré. A l'origine, les Français appelèrent le rhum *guildive;* les nègres des Indes occidentales l'ont toujours nommé *tafia.*

La fabrication de l'alcool appartint successivement aux apothicaires, aux vinaigriers, enfin aux distillateurs, lorsque l'eau-de-vie devint une boisson commune.

A présent, la consommation de l'alcool a pris des proportions extraordinaires : alcools de mélasse, de betterave, de pomme de terre, de grains, sont fabriqués par millions d'hectolitres.

L'industrie absorbe un tiers de cette mer d'esprits; le peuple, à son grand dam, engloutit les deux autres tiers.

Liebig s'exprime, sur ce point, avec une triste vérité : « En bien des contrées, lisons-nous dans ses *Lettres sur la chimie,* on attribue la pauvreté et la misère à la consommation croissante et exagérée de l'eau-de-vie : c'est là une erreur. L'usage de l'eau-de-vie n'est pas la cause, mais l'effet de la misère. C'est une exception à la règle quand un homme bien nourri devient buveur d'eau-de-vie. Mais lorsque l'ouvrier gagne moins par son labeur qu'il ne lui faut pour se procurer la quantité d'aliments nécessaires à son entretien, un besoin impérieux, inexorable, le force à recourir à l'eau-de-vie. Comment veut-on qu'il travaille si l'insuffisance de sa nourriture lui enlève tous les jours une certaine quantité de vigueur? L'eau-de-vie, par son action sur les nerfs, lui permet de réparer, aux dépens de son corps, les forces qui lui manquent, de dépenser aujourd'hui ce qui, dans l'ordre des choses, ne devrait s'employer que demain.

» C'est comme une lettre de change tirée sur sa santé, et qu'il lui faut toujours renouveler, ne pouvant l'acquitter faute de ressources. Il consomme son capital au lieu des intérêts ; de là inévitablement la banqueroute de son corps. »

Autrefois on appela l'alcool *eau de vie;* on peut désormais l'appeler *eau de mort.*

Le *ratafia,* dont Grenoble a la spécialité, où il entre des infusions de divers fruits et de diverses fleurs.

Le *vespétro,* sorte de ratafia composé de semences de coriandre, d'angélique, d'anis, de fenouil, de sucre, le tout macéré dans l'eau-de-vie.

Le *populo,* abandonné maintenant, mixture d'eau-de-vie, d'eau, de sucre, de musc, d'essence d'anis et d'essence de cannelle.

La *prunelle,* dont le fruit de l'épine noire est la base.

La *crème de cacao,* une délicieuse composition.

Le *marasquin,* liqueur dalmate faite avec la marasca ou marasque, petite cerise acide assez commune sur la côte de l'Adriatique.

Le *rosolio* (*rosolio* en italien, *rossolis* en français), obtenu avec les baies à forme verruqueuse de l'arbre aux fraises ou arbousier, avec les arbouses.

Le *cédrat,* pour lequel on emploie des zestes de cédrats mûrs.

Le *parfait-amour,* qui est un cédrat coloré avec de la cochenille concassée.

La *chartreuse,* où il entre de la mélisse, de l'absinthe, des jeunes bourgeons de sapin et des petits œillets rouges, plantes qui croissent sur les montagnes de l'Isère.

Il y a trois sortes de chartreuses : la chartreuse blanche, la chartreuse jaune et la chartreuse verte. La blanche est la plus faible, la verte la plus forte, la jaune la mieux pondérée.

Les moines de la Grande-Chartreuse de Grenoble gagnaient, bon an mal an, aux beaux temps de leur exploitation, et en dépit des contrefaçons, plus de six cent mille francs, bénéfice net, avec la fabrication et la vente de leurs chartreuses.

L'*absinthe,* la plus dangereuse de toutes les liqueurs,
est d'un usage général en France et en Algérie, où l'on
ne compte plus ses victimes.

Tige, fleur et fruit du cacaoyer.

La Suisse a la réputation de produire une absinthe
hors ligne.

Nous pourrions encore parler du thé et du café,
voire du chocolat, introduits en France au dix-septième siècle; mais comme ce ne sont pas là des boissons alcooliques, nous n'avons point à nous en occuper.

Disons seulement que l'Amérique nous a fait un meil-

Rameau de thé en fleurs.

leur cadeau en nous donnant le cacao qu'en nous gratifiant du tabac ; que le café (le café est originaire de l'Abyssinie) vaut tous les diamants que l'Afrique australe nous envoie, et que le thé est une des bonnes choses que nous tenons de l'Asie.

C'est dans l'Amérique équatoriale que le cacaoyer est cultivé avec le plus de succès ; c'est en Chine qu'on récolte le thé supérieur, et c'est l'Arabie qui produit le vrai moka.

Rappelons que les Antilles doivent le café à un de nos compatriotes, à Antoine de Jussieu, directeur du Jardin du roi durant la première moitié du dix-huitième siècle.

En 1720, le caféier n'était guère qu'en Orient un objet de rapport. Certain que cet incomparable enfant de la famille des rubiacées conviendrait à nos colonies du nouveau monde, Antoine de Jussieu remit à un officier de marine, l'enseigne de vaisseau Desclieux, qui partait pour la Martinique, trois pieds de caféier des serres du Muséum, afin qu'ils fussent plantés dans cette île. Au milieu du voyage, l'eau manqua, l'équipage dut être rationné, et Desclieux aima mieux se priver que de laisser ses plantes sécher. Malgré son dévouement, deux des caféiers périrent en route ; mais le troisième pied vécut, et c'est de cet arbrisseau, venu de Paris, que sont nées les cultures de caféiers des Antilles et du Centre-Amérique.

Le fait est au moins curieux.

L'IVROGNERIE

L'ivrognerie date de la découverte des boissons enivrantes, et si nous voulions parcourir l'histoire, nous trouverions, au témoignage des écrivains les plus autorisés, une foule d'ivrognes parmi les personnages célèbres.

Alexandre occuperait le premier rang de ces illustres buveurs.

Au retour du bûcher de Calanus, nous apprend Plutarque, Alexandre réunit plusieurs de ses amis et de ses généraux, et proposa un prix à qui boirait le plus. C'est Promachus qui gagna, pour être arrivé jusqu'à *quatre* auges de vin (près de 13 litres). Il reçut un talent comme récompense triomphale, et ne survécut que trois jours. Des autres convives, il y en eut quarante et un qui trépassèrent des suites de cette orgie, saisis par un grand froid au milieu de leur ivresse.

Alexandre mourut d'excès de ce genre.

Quand les anciens de Sparte forçaient les ilotes à boire et les conduisaient ensuite devant les jeunes gens, pour montrer à ceux-ci l'avilissement dans lequel l'ivresse plonge l'homme, sans doute était-ce parce que

la jeunesse spartiate avait, comme toute la jeunesse
de la Grèce, du goût pour le vin.

Les bacchanales, les saturnales et tant d'autres fêtes n'étaient que de hideuses orgies d'ivrognes.

Alcibiade, Pyrrhus, Annibal, Sylla, César, Antoine, Caton le Jeune, — voyez Plutarque, — et la plupart des empereurs romains, se grisaient souvent ou habituellement.

Boire excessivement était devenu une qualité dans la capitale du monde.

« Cher Mécène, s'écriait Horace, vous qui savez tant de choses, est-ce vrai, ce que dit le vieux Cratinus, qu'un buveur d'eau ne saurait écrire un vers qui vive et qui plaise longtemps? Depuis que Bacchus a mêlé aux chœurs des satyres et des faunes les meilleurs enfants de la lyre, il n'est pas de muse un peu matinale qui ne soit en pointe de vin. Homère est un buveur, j'en atteste ses louanges à la généreuse liqueur. Luimême Ennius, notre père, a bu son soûl lorsqu'il embouche la trompette guerrière. Au prétoire, au Forum les gosiers secs! Au stoïcien je défends d'écrire en vers.

» Ceci est un arrêt que j'ai rendu moi-même, et depuis le jour où je l'ai prononcé, le poëte obéissant emploie à boire une partie de la nuit, emploie à cuver son vin la moitié du jour... »

Dans bien des pays le vin a été interdit aux femmes, sous peine de la vie, en raison des désordres honteux qu'il peut entraîner; mais cette défense a rarement tenu devant les envahissements de l'usage.

Sainte Monique, la mère de saint Augustin, buvait en cachette, chaque fois qu'elle descendait à la cave, et on eut de la peine à la corriger de ce défaut.

En 491, l'empereur d'Orient Zénon, ivrogne fieffé, fut enterré vif par sa femme, l'impératrice Arianne, qui, le surprenant dans un moment où il cuvait son vin, ordonna à ses satellites de l'enfermer et de le clouer dans un cercueil où il se réveilla et où il mourut.

Le Coran défend le vin aux musulmans, dit-on.

Le Coran interdit, il est vrai, le vin aux fidèles ; mais il promet aux élus les vins les plus fins, ce qui est contradictoire et nuit à l'effet moral de la prohibition en question.

Dans tous les cas, comme il n'anathématise pas les boissons fermentées autres que le vin, sa chinoiserie orthodoxe n'est qu'une gêne inutile.

Aussi n'a-t-elle point empêché les musulmans, même les chefs des croyants, de boire outre mesure ; car la liste des empereurs turcs n'est pas plus pauvre en pochards que celle des souverains des États chrétiens. Citons, par exemple, le sultan Sélim-Khan II, surnommé *Mest,* l'ivrogne, qui régna de 1566 à 1574.

« A peine cet empereur fut-il monté sur le trône (*Histoire de Turquie,* de Th. Jouannin et van Gaver), qu'il révoqua l'édit de Suleïman contre le vin, au grand scandale des mahométans austères ; cette conduite, opposée aux prescriptions du Coran, fournit le sujet de mille épigrammes, et valut à Sélim le surnom de *Mest* (ivrogne) ; dès lors l'usage des liqueurs fermentées devint presque général sous son règne ; les gens de loi, les ministres de la religion, ne se faisaient aucun scrupule d'en boire publiquement et même d'en vendre ; on entendait souvent les gens du peuple dire à haute voix : « Où irons-nous aujourd'hui chercher notre vin ? » Chez le mufti ou chez le cadi ?... » Sélim fit école.

L'ivrognerie se propagea étonnamment chez les peuples buveurs de bière, chez les peuples des contrées froides : en Russie, en Prusse, en Pologne, en Allemagne, en Flandre et en Angleterre.

En Pologne, en Russie et en Prusse, elle n'eut point de bornes. Dans ces États, l'exemple vint de haut : du souverain.

Le duc de Saint-Simon a laissé d'intéressantes pages sur le séjour à Paris, en 1717, du tsar Pierre Ier. L'intempérance connue du créateur de la Russie moderne y est traitée avec réserve, mais non sans vigueur.

« Ce qu'il buvoit et mangeoit en deux repas réglés est inconcevable, sans compter ce qu'il avaloit de bière, de limonade et d'autres sortes de boissons entre les repas; toute sa suite encore davantage; une bouteille ou deux de bière, autant et quelquefois davantage de vin, des vins de liqueur après, à la fin du repas, des eaux-de-vie préparées, chopine et quelquefois pinte : c'étoit à peu près l'ordinaire de chaque repas. Sa suite, à sa table, en avaloit davantage, et mangeoient tous à l'avenant à onze heures du matin et à huit heures du soir. *Quand la mesure n'étoit pas plus forte, il n'y paroissoit pas*. Il y avoit un prêtre aumônier qui mangeoit à la table du czar, plus fort de moitié que pas un, dont le czar, qui l'aimoit, s'amusoit beaucoup. »

Quand la mesure n'étoit pas plus forte, il n'y paroissoit pas; malheureusement, la mesure était à chaque instant *plus forte,* et *il y parut souvent* pendant le séjour du tsar en France.

Le peuple russe ne s'est pas amélioré sur ce point; nous en trouvons une preuve topique dans cet extrait de la *Gazette de l'Académie* de Saint-Pétersbourg :

« Un paysan a donné au cabaretier les roues de sa voiture, sa fourrure, sa casaque, ses bottes, sa récolte de blé et enfin lui-même; un autre a abandonné une scie, quatre haches, une pioche, une marmite de fer, les rênes de son cheval, trois paires de gants, deux blouses, son manteau, son lit de plume, son mouchoir et sa chemise. »

Cela ne rappelle-t-il pas les sauvages qui livreraient père et mère pour un flacon de tafia?

On trouvera dans notre volume : *l'Allemagne chez elle et chez les autres,* partie intitulée « la Cour de Prusse », une idée de la façon dont on buvait à la cour de Berlin au temps de Frédéric le Grand.

Un peu avant l'époque où Pierre le Grand vint en France, en 1700, de Pesquières avait institué à Avignon un ordre de la Boisson, dont les statuts défendaient à ses membres de s'enivrer, ce qui est original et point du tout blâmable pour une confrérie bachique. Cette société dura plusieurs années, et sut attirer l'attention sur elle à force d'esprit. Elle publiait une gazette dont l'abbé de Charnes et Morgier étaient les principaux collaborateurs, et dans laquelle nous découpons ces nouvelles lestement troussées :

« De Bruxelles, le 28 juin 1707. — L'armée des alliés est toujours campée près de Tirlemont, où elle ne boit que de la bière, et celle du duc de Vendôme près de Gembloux, où elle ne boit que du vin, ce qui cause une grande désertion dans la première, et attire quantité de soldats dans celle de France.

» Dans une fête donnée à Londres, on fit de vastes projets pour mettre des bornes au pouvoir exorbitant de la France (vieux style) : on parla d'aller fourrager jusqu'aux portes de Reims, et d'enlever tout le vin de Champagne pour la bouche de la reine; de tailler en pièces l'armée de Philippe V, et de mener le roi Charles III en triomphe dans sa bonne ville de Madrid. Cette journée se passa à faire des châteaux en Espagne; mais, le lendemain, ils furent tous abattus par l'arrivée de deux courriers, dont le premier apporta la nouvelle

de la défaite des alliés à Almanza par le duc de Ber-
wick, et l'autre la perte d'un grand nombre de vaisseaux pris ou coulés à fond par les Français. On ne
peut dire combien la surprise fut grande pour les Anglais, nation fière et entétée de sa puissance. La reine
demanda avec empressement si Alicante était pris; le
courrier ayant répondu qu'il était à la veille de l'être,
Sa Majesté parut si fâchée, que l'on jugea que cette
ville lui tenait fort à cœur. Depuis ces nouvelles, le
commerce est tout dérangé, l'argent a disparu, les
boissons sont renchéries de moitié, et le vin ne circule
plus dans Londres, non plus que les billets de l'Échi-
quier. L'on s'est assemblé en grand comité, afin de
pourvoir aux moyens d'avoir du vin, puisqu'on ne peut
plus compter sur celui d'Espagne. L'embarras est de
savoir comment en transporter d'ailleurs. Les Anglais
ont beau publier que l'empire de la mer leur appartient, le chevalier de Forbin et les armateurs de Saint-
Malo n'en veulent rien croire; ils attaquent effrontément tout ce qui porte le pavillon d'Angleterre, et l'on
dirait qu'ils ont juré la ruine de ce pays, tant ils sont
alertes pour lui enlever le vin. »

A côté de ces spirituels badinages, nous lisons, dans
la même gazette, ce bulletin de victoire rimé :

> A la barbe des ennemis,
> Villars s'est emparé des lignes;
> S'il vient à s'emparer des vignes,
> Voilà les Allemands soumis.

Dans les pays du vin, l'ivrognerie cause moins de
ravages que dans les pays de la bière, quoiqu'il y ait
tout autant de buveurs dans les uns que dans les autres;

mais le vin abrutit moins que la bière. Puis il est rare
que dans les pays de la bière on n'abuse pas de l'alcool, qui procure la pire des ivresses.

C'est dans l'Europe septentrionale qu'on boit les alcools les plus forts et les liqueurs les plus brûlantes,
qu'on absorbe le plus d'eau-de-vie.

La rigueur du climat explique, sans'le justifier, l'abus
de l'alcool chez les peuples du Nord, abus qui remplit
continuellement les hôpitaux, et diminue la moyenne
de la vie humaine.

Le mal a fait de tels progrès aux États-Unis que
des espèces de congrégations se sont organisées, dans
la plupart des États, en vue d'arrêter ses développe-
ments.

Des prêches sont prodigués aux buveurs; des *congré-
ganistes* femmes vont chanter des cantiques devant les
tavernes pour ramener les ivrognes à la tempérance :
peine perdue.

L'ivrognerie continue à monter et à envahir toutes
les classes de la société.

En octobre 1877, le *Courrier des États-Unis* rappor-
tait deux faits dont la magistrature américaine ne
saurait être fière :

« Le grand juge de Baltimore, disait-il, vient de
lancer une accusation contre le juge Georges Yellott,
pour ivrognerie habituelle. »

Parlant d'un autre magistrat du même tonneau, il
ajoutait :

« Le juge Sands, de Vanceburg (Kentucky), déposé
de ses fonctions pour ivrognerie, a siégé samedi pour
la dernière fois à la Cour criminelle dont il était prési-
dent, et s'est exprimé en ces termes :

« Gentlemen et concitoyens, je comparais ici pour

avouer que je suis victime d'un vice qui m'a déshonoré
devant vous et devant le pays. En entrant dans la cour,
j'ai entendu quelqu'un qui disait : « Voilà de quel bois
» on fait les juges criminels! » Cette observation a pénétré comme une pointe d'acier dans mon cœur, parce
qu'elle est juste. Je suis indigne du haut honneur et
du mandat que vous m'aviez conférés, et je vous rends
l'emploi perdu par mon indignité! Mon intégrité judi-
ciaire et mes actes officiels sont irréprochables. Grâce
à Dieu, je ne suis plus juge criminel du comté de
Lewis. Puisse le ciel me soutenir dans mon affliction! »

« On n'avait jamais entendu, disent les dépêches de
Vanceburg, un appel aussi touchant. Les préventions
se sont changées en sympathie et en compassion, et
chacun exprima l'espoir qu'un jour le juge Sands
reviendra réformé. »

En Angleterre, les lois et les sociétés de tempérance
sont devenues complétement impuissantes contre les
débordements de l'ivrognerie. « Là, écrivait en 1878 le
docteur Hector George, le gouvernement et la charité
privée ont dû organiser un certain nombre d'hôpitaux
spécialement destinés à recevoir les alcooliques. Ces
asiles d'ivrognes, affectés aux classes aisées aussi bien
qu'aux autres, ne reçoivent que les malades qui se sou-
mettent volontairement au traitement.

» Le café et le thé sont servis à discrétion à tous les
repas; mais on ne boit aucune liqueur alcoolique ou
fermentée. Il est pourtant des malades auxquels il faut
ménager une sorte de transition en·introduisant dans
quelques plats un peu d'eau-de-vie, en leur servant,
par exemple, un punch aux œufs, ou une omelette au
rhum. Quant au projet de ce médecin original qui avait
imaginé de dégoûter les ivrognes des boissons fortes

en jetant de l'alcool dans tous les plats, on y a renoncé : on obtenait juste l'effet contraire. On s'est souvenu que, dans un établissement de réclusion des États-Unis, les prisonniers, buveurs incorrigibles, étaient allés jusqu'à distiller en cachette du pétrole, pour en composer un breuvage d'un nouveau genre dont ils faisaient leurs délices.

» Les femmes anglaises, au lieu de combattre, comme les femmes américaines, l'ivrognerie de leurs maris, trouvent plus simple de la partager. Tous les moralistes ont été frappés de la grande proportion de femmes dipsomanes comparée à la proportion relativement restreinte qui existe en France et chez la plupart des autres nations du continent. Il est impossible de parcourir une ville populeuse du Royaume-Uni sans être frappé du nombre considérable d'ivrognesses qu'on rencontre dans les rues. Le *public house* est constamment rempli de créatures qui boivent avec avidité et présentent au passant un spectacle. des plus affligeants. Aussi le nombre des femmes atteintes d'aliénation mentale et de délire alcoolique est-il plus considérable en Angleterre que partout ailleurs.

» Pendant l'année 1876, la seule prison de Westminster a reçu 5 588 femmes condamnées pour ivresse publique. En 1875, il n'y en avait eu que 4 880 ; et, les années précédentes, ce chiffre ne dépassait pas 3 000. On voit le progrès. Ces chiffres sont vraiment très élevés, surtout si l'on considère que le quartier qui alimente cette prison n'est pas le plus peuplé de la métropole.

» Les femmes incarcérées appartenaient toutes aux classes inférieures de la société ; il y en avait de tout âge, depuis quatorze jusqu'à soixante-dix ans. La plupart avaient été déjà condamnées antérieurement; quelques-unes d'entre elles avaient subi plus de *cent* condamnations pour ivresse publique. »

Nous avons aujourd'hui, en France, une loi contre l'ivresse publique qui indique que la tempérance est devenue, chez nous, une vertu qu'il faut désormais imposer. Tant pis!

Les désordres causés dans l'organisme par l'alcoolisme sont effrayants : détérioration graduelle de la constitution, hydropisie, affection du foie, du cœur, de l'estomac, des intestins, accidents nerveux, phtisie, paralysie, sont les conséquences ordinaires et toutes mortelles de l'abus des boissons. Mais c'est surtout le cerveau que l'alcool attaque et gâte. Les asiles d'aliénés regorgent d'agités ou d'idiots tombés dans une imbécillité complète par suite de leur passion désordonnée pour ce qu'on a trop complaisamment nommé la *dive bouteille*. Aucun tableau n'est plus navrant que celui de leur avilissement intellectuel.

La criminalité a aussi sa moisson sinistre dans les effets ravageurs de l'alcoolisme : consultez les comptes rendus des chambres correctionnelles et des cours d'assises, examinez la statistique de la mortalité dans les hôpitaux et les maisons de fous, et vous verrez que l'alcool fait commettre plus de délits que les sept péchés capitaux réunis, et fauche plus d'individus que la fièvre typhoïde et les autres maladies typhiques.

L'ivrognerie dégrade abominablement l'homme, et c'est sans doute pour déshonorer plus encore les criminels que, dans certaines contrées de la Tatarie, on grise les condamnés à mort avant de les exécuter.

Yvrognerie est une zizanie,
Et de sobriété vray ennemye,

dit un ancien proverbe.

On peut ajouter que l'ivrognerie est également l'ennemie de la bienséance, de la dignité, de la raison; qu'elle pousse au vice et au crime, et qu'à tous les titres elle est méprisable et détestable.

FIN

TABLE DES MATIÈRES

LE LAIT.

LES LÉGUMES.

FIN DE LA TABLE.

ERRATUM. — Page 91, ligne 7. *Au lieu de* neuf cent mille œufs, *lisez* neuf millions d'œufs.